Leonardo Boff
Der Adler und das Huhn

Leonardo Boff

Der Adler und das Huhn

*Wie der Mensch
Mensch wird*

Patmos Verlag Düsseldorf

Dieses Buch widme ich

- allen, die für die Dimension des Weiblichen Einfühlung haben; das Weibliche ist nämlich der Adler, der in unserer Kultur am heftigsten eingekerkert und unterdrückt ist. Ohne die Dimension des Weiblichen hätte James Aggrey unsere Geschichte wohl nie erzählt. Was mich angeht, hätte ich wohl kaum die Einfühlung gehabt, die Geschichte zu behalten, zu beherzigen und zu bedenken. Und wer sie liest, wäre schwerlich imstande, sie nachzuvollziehen;
- allen, die – obwohl eigentlich Adler – daran gehindert werden, wirklich Adler zu sein und gerade mal Hühner sein dürfen;
- insbesondere aber dem Volk der Schwarzen unter uns wie auch all den Nationen der indianischen Ureinwohner, in welche die Natur die Sehnsucht gelegt hat, Adler zu sein.

Inhalt

Eröffnung

Jeder Gesichtspunkt ist die Sicht von einem Punkt aus

Lesen heißt: neu-lesen, verstehen, interpretieren. Jeder Mensch liest mit den Augen, die ihm gegeben sind. Und was er liest, deutet er aus der Perspektive des Ortes, an den ihn seine Füße geführt haben.

Jeder Gesichtspunkt ist der Blick von einem bestimmten Punkt aus. Wer wissen will, wie jemand etwas liest, muß wissen, was er für Augen hat und wie er die Welt betrachtet. So ist alles Lesen stets ein Neu-lesen.

Der Kopf denkt nach Maßgabe des Ortes, an dem der Mensch mit seinen Beinen steht. Wer etwas verstehen will, kommt nicht umhin, um den sozialen Ort zu wissen, von dem aus er die Szene betrachtet. Oder anders gesagt: Er kommt nicht umhin, zu registrieren, wie er oder sie lebt, wie sein oder ihr Zusammenleben mit anderen ist, was für Erfahrungen er gemacht hat, was er beruflich macht, welche Wünsche er hegt, wie er mit dem vielfältigen Drama von Leben und Tod umgeht und welche Hoffnungen ihn oder sie beflügeln. Verstehen ist zwangsläufig Deuten.

Wenn dem aber so ist, dann erhellt, daß alle, die einen Text lesen, auch daran mit-schreiben. Denn man kann einen Text ja nur lesen und neu-lesen mit den Augen, die man nun einmal hat. Denn man kann etwas ja nur verstehen und interpretieren aus der Welt heraus, in der man lebt.

Diese Erkenntnis- und Existenzbedingungen vorausgeschickt, wenden wir uns nunmehr der Geschichte von dem Adler zu, der als Huhn großgezogen wurde. Die Geschichte möchte gelesen und verstanden werden als Metapher für unser Menschsein. Jeder und jede liest und betrachtet sie mit den Augen, die ihm bzw. ihr gegeben sind, begreift und ver-steht sie je nachdem, wie der Boden geartet ist, auf dem er oder sie mit beiden Beinen steht.

Die alten Römer sagten: *Habent sua fata libelli – Bücher haben ihr eigenes Schicksal.* Und recht hatten sie; denn was aus Büchern wird, hängt davon ab, was ihre Leser und Leserinnen daraus machen. Hier also treten der Adler und das Huhn auf den Plan, mitsamt der ganzen Bedeutung, die ihnen anhaftet, wie wir im Laufe unserer Geschichte sehen werden.

Hoffentlich werden auch für Dich, liebe Leserin, lieber Leser, Adler und Huhn zu Symbolen und Sakramenten auf dem Weg, auf dem wir Menschen ja nach Integration und dynamischem Ausgleich suchen.

Unser Wunsch geht dahin, daß der in Dir verschüttete Adler wach wird und zu fliegen beginnt, sich in die Lüfte erhebt und Deine Horizonte erweitert, so daß Du Dich selbst, aber auch die Welt besser begreifen und neu-verstehen kannst.

Wir möchten jeden einladen, sich in den Kreis der das Universum steuernden Kräfte einzureihen und zum Mit-schöpfer bzw. zur Mit-schöpferin der geschaffenen wie der noch zu schaffenden Welt zu werden.

Querência de Mckenzie / Padula,
Sossego – Bundesstaat Minas Gerais,
Sommer 1997

*Eine afrikanische
Geschichte*

Es gab einmal einen Politiker, der auch Volkserzieher war. Sein Name lautete James Aggrey. James Aggrey stammte aus dem kleinen westafrikanischen Land Ghana. Mochte er auch noch so erfolgreich sein, kaum jemand kannte ihn. Doch irgendwann einmal erzählte Aggrey eine wunderbare Geschichte, die schließlich um die ganze Welt ging. Sie machte ihren Verfasser zu einem berühmten Mann. Und wer die Erzählung je gehört hat, kann sie nicht mehr vergessen. Die wenigsten werden Land und Leute, Geschichte und Gegenwart Ghanas kennen. Deshalb möchte ich eingangs etwas über Ghana erzählen und seine Geschichte in Erinnerung rufen.

Ghana liegt am Golf von Guinea, zwischen der Elfenbeinküste und Togo. Das Land hat eine lange Geschichte, die im 4. Jahrhundert unserer Zeitrechnung beginnt und zwischen 700 und 1200 ihren Höhepunkt hat. Während dieser Zeit verfügte Ghana über so viel Gold, daß man sogar Hunden – waren es nur Rassetiere – Halsketten und sonstige Schmuckstücke aus dem wertvollen Edelmetall anlegte.

Im 16. Jahrhundert kamen die Portugiesen und machten Ghana zu ihrer Kolonie. Da es dort Gold in Hülle und Fülle gab, nannten sie das Land ›Goldküste‹. Andere – wie die Sklavenhändler, die dann eindrangen und zu denen etwa Friedrich Wilhelm der Große Kurfürst von Brandenburg gehörte[1] – bezeichneten das Gebiet auch als ›Minenküste‹.

Im 18. Jahrhundert – in Brasilien heißt die Zeit ›Zyklus der Minenküste‹ – wurden aus Ghana nach Brasilien, und da vor allem in die damalige Hauptstadt Salvador da Bahia, 350 000 Sklaven verschleppt. Obwohl nahezu nackt, brachten sie viele Elemente ihrer Kultur mit, die dann nach und nach in die Kultur unseres Landes eingingen. Genannt sei die Krankenheilung mittels Kräutern, bei der magische Wörter und Zaubersprüche gesagt werden müssen. Vor allem aber geht es um die Religion der Afrikaner, um den Yorubá oder Candomblé[2], der eine der faszinierendsten Theologien der Welt besitzt.

Im Candomblé ist jeder Mensch eine Art Jesus Christus, weil sich in ihm die Orixás ›inkarnieren‹ können, das heißt Gottheiten, die es mit der Natur und ihren vitalen Kräften zu tun haben. An der Goldküste kauften die Händler die Sklaven im

---

1 Von 1683 bis 1717 besaß Brandenburg an der Goldküste die Festung Groß-Friedrichsburg, von der aus auch Deutsche Sklavenhandel trieben.

Tausch gegen drittklassigen Tabak. In Lissabon als wertlos ausgesondert, stand dieser wegen seines Wohlgeruchs in Afrika gleichwohl hoch in Kurs. Es hieß: »Bahia hat Tabak und will Sklaven; die Minenküste hat Sklaven und will Tabak; also machen wir doch ein Geschäft, das beiden was bringt.« Auch die meisten Sklaven auf den Zuckerrohrfarmen in den Vereinigten Staaten stammen aus dem Raum Ghana.

Unter dem Vorwand, den Sklavenhandel nach Nord- und Südamerika zu unterbinden, bemächtigte sich England der portugiesischen Kolonie. Anfangs (1874) besetzte es die Küste, um in der Folge

2 In Brasilien – vor allem in Bahia – weit verbreitete Religion, bestehend aus einer afrikanischen Grundstruktur, in die hinein Elemente des Volkskatholizismus eingewoben wurden. Der Grad der Mischung zwischen afrikanischen und katholischen Komponenten kann höchst unterschiedlich sein. Da den aus Afrika nach Brasilien verschleppten Sklaven zur Zeit der Kolonie (bis 1821) und darüber hinaus verboten war, ihre mitgebrachten Kulte zu praktizieren, tarnten sie diese mit katholischen Devotionsformen. So hüllten sie zum Beispiel ihre afrikanischen Gottheiten (Orixás) in das Gewand katholischer Heiliger. Im Empfinden vieler Brasilianer und Brasilianerinnen schließen sich Katholischsein und Praxis des Candomblé (in Rio de Janeiro auch Umbanda und in Pernambuco auch Xangô genannt) keineswegs aus. In der Theologie der Befreiung wird dieser Synkretismus mittlerweile positiv gewertet, als gelungener Versuch in jeder Hinsicht unterdrückter Menschen, kulturell und religiös zu überleben. Heute sind zwei Phänomene unübersehbar: Zum einen bemühen sich die Anhänger des Candomblé um möglichst große afrikanische Authentizität, und zum anderen wenden sich immer größere Kreise auch über afrikanisch beeinflußte Bevölkerungsgruppen hinaus dem Candomblé in dieser oder jener Form zu.

(1895) bis ins Landesinnere vorzudringen. So verlor Ghana seine Freiheit und wurde eine weitere Kolonie im britischen Weltreich.

Befreiung beginnt im Bewußtsein

Die Völker Ghanas waren sich immer ihrer jahrhundertelangen Geschichte bewußt und rühmten sich stets der Würde ihrer religiösen und kulturellen Überlieferungen. Folglich leisteten sie gegen jedwede Art von Kolonisierung unermüdlichen Widerstand. James Aggrey, der als einer der Vorläufer des afrikanischen Nationalismus ebenso wie des modernen Panafrikanismus gilt, trug maßgeblich zum Erstarken dieses Gefühls bei.

Politisch bedeutsam wurde Aggrey gerade als Erzieher seines Volkes. Ähnlich wie Paulo Freire[3] war auch er der Ansicht, wer ein Land befreien wolle, müsse zuerst das Bewußtsein des Volkes befreien. Denn die Menschen hätten ein von volksfeindlichen Ideen und Werten versklavtes Bewußtsein, das ihnen die Kolonialmächte eingeimpft hätten.

3 Paulo Freire: 19. 9. 1921 – 2. 5. 1997. Brasilianischer Pädagoge. Nach seiner Methode haben zahllose Menschen, vor allem in Ländern der sogenannten Dritten Welt, lesen und schreiben gelernt. Bezeichnend für sein Verständnis von Pädagogik sind Buchtitel wie: Pädagogik der Unterdrückten (Stuttgart 1971) und Erziehung als Praxis der Freiheit (Stuttgart 1974). Die Konzeption Paulo Freires ist auch von größter Bedeutung für das Christentum und die Theologie der Befreiung.

In der Tat, um zu kaschieren, mit welcher Gewalt sie das fremde Land eroberten, demoralisierten die Kolonialherren gnadenlos die von ihnen Kolonisierten. So verbreiteten sie zum Beispiel die Mär, die Bewohner der Goldküste wie die Afrikaner insgesamt seien niedere, kulturlose Barbaren. Eben deshalb müßten sie kolonisiert werden. Andernfalls würden nie zivilisierte Menschen aus ihnen, und sie würden nie in die Dimension des universalen Geistes eingehen können.

Die Engländer druckten derartige Verunglimpfungen in Buchform und verbreiteten sie in allen Schulen. Von sämtlichen Kirchenkanzeln schallten solcherart Diffamierungen herab. Wo immer offizielle Veranstaltungen stattfanden, wurde so argumentiert.

Das Einhämmern war eine so unausweichliche Sache, daß viele Kolonisierte am Ende die Kolonialherren mit ihren Vorurteilen in sich wohnen ließen. Mittlerweile hatten sie sich selbst davon überzeugt, daß sie nichts wert waren. Waren sie denn nicht in der Tat Barbaren? Waren ihre Sprachen denn nicht ungeschlachtes Geplapper? Ihre Traditionen lächerliches Getue? Ihre Götter falsche Götzen? War ihre Geschichte denn nicht bare Belanglosigkeit, ohne echte Helden, bevölkert allenfalls von Ignoranten und Rohlingen?

Anders als die Weißen, Christen und Europäer,

erfuhren die Afrikaner im Umgang mit diesen nichts als Ungleichbehandlung und Diskriminierung. Daß Andersartigkeit in Rasse, Religion und Kultur auch menschlicher Reichtum ist, dafür hatten die Kolonialherren kein Auge. Anderssein für Minderwertigkeit zu halten, welch gewaltiger Irrtum!

Nicht viel anderes war, was im 16. Jahrhundert auch die Ureinwohner Amerikas und die kolonisierten Völker Asiens zu spüren bekamen. Und das Ganze wiederholt sich auch heute noch mit den Ländern, die nicht in das weltweite System von Produktion, Konsum und globalem Markt integriert sind, wie die meisten Nationen in Lateinamerika, Afrika und Asien. Für das Kapital gelten sie als uninteressant; im Sinne der Globalisierung sind sie nichts als ›ökonomische Nullen‹; ihre Bevölkerungen werden betrachtet als ›Menschenmassen‹, deren man sich ›entledigen‹ kann, als Gruppen, die für den Modernisierungsprozeß ›überflüssig‹ sind. So überläßt man sie ihrem Hunger und Elend und schiebt sie an den Rand der Geschichte, die dann allein noch von denen gemacht wird, die sich die Herren der Welt dünken. Damit aber legen sie eine Fühllosigkeit und Unmenschlichkeit an den Tag, die schwerlich ihresgleichen in der Geschichte der Menschheit finden.

Dieselbe Herabwürdigung bekommen auch Arme

und Elende zu spüren, Frauen und Homosexuelle, körperlich und geistig Behinderte, HIV-Infizierte und Leprose wie überhaupt alle, die nicht in die vorgegebenen Modelle passen. Sie alle werden dem Vorurteil derer geopfert und werden von denen vor die Tür gesetzt, die sich allein für die Inhaber von Menschlichkeit, Kultur, Gesundheit, Wissen und religiöser Wahrheit halten.

Ihr Großen der Welt, euer Hochmut macht euch zu gnadenlosen, grausamen Gestalten. Zu Dogmatikern* und Fundamentalisten* seid ihr geworden. Ihr könnt nur noch in Begriffen eurer Ethnie* denken. Merkt ihr denn nicht, daß ihr euch selbst entmenschlicht? Nehmt doch wahr, wo ihr gelandet seid! Wenn ihr mit eurer Haltung und euren kulturellen, religiösen, politischen und wirtschaftlichen Vorstellungen so weitermacht und weiterhin andere diskriminiert, vereinnahmt oder, umgekehrt, draußen vor laßt, dann werdet ihr ringsum nur noch Opfer zu sehen bekommen.

Befreiung wird Wirklichkeit in historischer Praxis

Kolonialismus – sei es der klassische Kolonialismus, der fremde Gebiete erobert, sei es der moderne, der Gruppen und Gesellschaften zwingt, am Weltmarkt mitzumachen – geht nie ohne Gewalt ab, und zwar

Gewalt in der schlimmsten Form. Immer blockiert der Kolonialismus Menschen und Völker in ihrer eigenständigen Entwicklung. Immer unterwirft er wichtige Bereiche der Kultur mit ihrer Erinnerung, ihren Werten, ihren Einrichtungen und ihrer Kultur der fremden, in sie eindringenden Kultur. Den Kolonisierten von gestern wie von heute bleibt keine andere Wahl, als die politischen Modelle und kulturellen Muster, die Kommunikationsstile und die Musikrichtungen wie auch die Produktions- und Konsummuster der Kolonialherren zu übernehmen. In der Gastronomie rollt gegenwärtig eine gewaltige Welle der ›Hamburger‹-isierung über uns hinweg – und in der Musik eine Woge der ›Rock‹-isierung von allem, was nur zu spielen und zu singen vermag. Die, in deren Hand das Monopol von Haben, Macht und Wissen liegt, kontrollieren die Märkte und entscheiden darüber, was zu produzieren, zu konsumieren und zu exportieren ist. In einem Wort gesagt: Die Kolonisierten werden daran gehindert, ihre eigene Wahl zu treffen und die Entscheidungen zu fällen, die sie für den gesunden Fortgang ihrer Geschichte für richtig halten.

So etwas kann ein Volk nur zutiefst demütigen. Es fügt den Menschen herzzerreißende Schmerzen zu. Mittel- und langfristig gibt es keinen Grund – und mögen Andersdenkende noch so viele Begründungen anführen! –, der ein derartiges Leiden rechtfertigen und hinnehmbar machen würde. Mit der Zeit wird es schlicht unerträglich. Allmählich bildet sich eine Gegenmacht. Die Unterdrückten fangen an, den Unterdrücker, den sie gezwungenermaßen in sich haben wohnen lassen, hinauszuwerfen. Die Zeit ist reif, an die Befreiung zu denken. Zunächst entwickeln die Menschen nur entsprechende Gedankenspiele. Dann aber organisieren sie sich. Und schließlich gehen sie zur Tat über.

Befreiung bedeutet die Aktion, durch welche die in Gefangenschaft gehaltene Freiheit wieder befreit wird. Allein mittels solcher Befreiung finden die Unterdrückten ihr Selbstwertgefühl wieder, bauen sie die ihnen verwehrte Identität wieder auf, erobern sie sich das besetzte Vaterland zurück, und vermögen sie ihre eigenständige Geschichte zu entwickeln, die dann Platz hat in der Gesamtgeschichte anderer freier Völker.

Ihr Unterdrückten der Welt, überzeugt euch von folgender Wahrheit: Befreiung beginnt in eurem Bewußtsein, das heißt damit, daß ihr eure Würde zurückgewinnt, was dann freilich konsequentes Engagement erforderlich macht. Aber habt Vertrauen! Ihr steht nie alleine da. In allen Rassen, Klassen und Religionen finden sich hochherzige Geister, die zu euch halten, wenn es um die edle Sache eurer Freiheit geht. Immer gibt es Menschen, die denken: Jedes Leid, wo auch immer in der Welt einem Menschen angetan, jede Träne, aus welchem Auge auch immer geweint, und jede Wunde, welchem Körper auch immer zugefügt, ist wie eine Wunde an meinem eigenen Körper, wie eine Träne aus meinen eigenen Augen und wie ein Schmerz in meinem eigenen Herzen. Immer werden Menschen die Sache der Unterdrückten der Welt zu ihrer eigenen Sache machen. In ihnen werdet ihr verläßliche Verbündete finden.

James Aggrey vermochte es, in seinen ghanesischen Landsleuten solche Gefühle substantieller Solidarität zu wecken. Leider war es ihm nicht vergönnt, die Befreiung seines Volkes noch zu erleben. Er starb vorher, im Jahre 1927. Aber Träume hatte er gesät.

Erst mit Kwame Nkrumah, eine Generation später, kam es zur Befreiung. Nkrumah hatte den Einsatz für die Befreiung seines Landes bei Aggrey gelernt. Obwohl die Engländer nahezu alles unter ihrer Kontrolle hatten, brachte er es 1949 dennoch fertig, eine Partei für die Befreiung des Landes zu gründen, die ›Convention People's Party‹ (CPP).

Nkrumah und seine CPP setzten die englische Kolonialverwaltung dermaßen unter Druck, daß sich die Regierung in London 1951 gezwungen sah, ihn zum Premierminister zu machen. Bei seiner Antrittsrede überraschte er alle Welt mit dem Satz: »Ich bin Sozialist, Marxist und Christ.« Seinen größten Sieg errang Nkrumah am 6. März 1957, als er den Vorsitz bei den Feierlichkeiten zur Unabhängigkeit der Goldküste führen konnte. Fortan trug das Land wieder seinen alten Namen Ghana. Ghana war die erste afrikanische Kolonie, welche von der alten europäischen Macht unabhängig wurde.

Heute mißt Ghana 238 537 Quadratkilometer und ist damit fast so groß wie die Bundesrepublik Deutschland vor der Wende 1989/90. Der Süden des Landes ist weithin von dichtem tropischem Regenwald bedeckt, an den sich nach Norden hin verschiedene Savannen anschließen. Von Norden nach Süden durchfließt der gewaltige, 1600 Kilometer lange Volta-Strom mit seinen verschiedenen Armen das Land. Dank dem Stauwehr Akossombo bildet der Volta-Strom einen gewaltigen, 400 Kilometer langen See mit einer Ausdehnung von 8 482 Quadratkilometern. Von den rund 16,4 Millionen Ghanesen leben etwa 700 000 in der Hauptstadt Accra. Man nimmt an, daß Ghana im Jahr 2000 an die 20 Millionen Einwohner zählen wird.

Unter der Bedingung, daß sich alle diese Menschen an die Ideale von James Aggrey halten, werden sie ihre Identität und Autonomie weiter festigen. Und Schritt für Schritt werden sie dann den Weg in Richtung auf eine partizipative und solidarische Mitbürgerschaft* weitergehen.

Adler sind wir!

Nach dieser Einleitung nun also endlich die Geschichte, wie James Aggrey sie erzählt hat.

Dazu müssen wir uns folgenden Zusammenhang vergegenwärtigen: Mitte 1925 nahm Aggrey an einem Treffen führender Kräfte des Volkes teil. Man diskutierte über Wege zur Befreiung vom britischen Kolonialjoch. Die Meinungen gingen auseinander.

Einige wollten zu den Waffen greifen. Andere setzten sich dafür ein, das Volk politisch zu organisieren. Auf diesem Weg wurde Kwame Nkrumah später dann ja auch erfolgreich. Eine dritte Gruppe schickte sich in den Status als Kolonie, dem ganz Afrika damals ja noch unterworfen war. Und schließlich gab es Leute, die sich von der Rhetorik* der Engländer verführen ließen. Sie meinten, die Anwesenheit der Briten ermögliche es dem Volk, sich zu modernisieren und den Weg in die vermeintlich zivilisierte, moderne Welt zu finden.

Sensibel wie er war, verfolgte der Pädagoge James Aggrey jeden Beitrag. Doch bei einer bestimmten Wortmeldung wurde ihm klar, daß wichtige Führungskräfte nur die Sache der Briten unterstützten.

Kämen sie zum Zuge, würde die ganze Vergangenheit, würde die ganze Geschichte mit einemmal zum toten Buchstaben, und alle Träume von Befreiung wären dahin. Er hob den Arm und meldete sich seinerseits zu Wort. In aller Ruhe, wie nur Weise sie besitzen, und in feierlichem Ton erzählte er dann folgende Geschichte:

»Es war einmal ein Bauer. Im nahegelegenen Wald wollte er einen Vogel fangen, um ihn zu Hause im Käfig zu halten. Es gelang ihm, das Junge eines Adlers zu fangen. Zu Hause setzte er es in den Hühnerstall, zusammen mit dem ganzen Federvieh. Das Adlerjunge pickte Mais und fraß auch sonst, was Hühner so fressen – und das, obwohl doch der Adler der König der Vögel ist.

Fünf Jahre waren vergangen, als der Bauer Besuch von einem Naturkundler bekam. Während die beiden im Garten spazierengingen, fiel dem Besucher auf:

›Das da, der Vogel da ist doch kein Huhn! Das ist ja ein Adler!‹

›Mag sein‹, erwiderte der Bauer, ›in der Tat, der ist ein Adler. Aber ich habe ihn großgezogen, wie wenn er ein Huhn wäre. Nach all den Jahren ist er kein Adler mehr, jetzt ist er ein Huhn geworden, wie jede Henne sonst auch – selbst wenn er Flügel mit einer Spannweite von beinahe drei Metern hat.‹

›Nein‹, so der Ornithologe. ›Der ist ein Adler und

wird immer ein Adler bleiben. In ihm steckt das Herz eines Adlers, und das wird ihn treiben, hoch in den Himmel zu fliegen.‹

Also beschlossen die beiden, es auf einen Versuch ankommen zu lassen. Der Vogelfachmann nahm den Adler, hob ihn hoch und redete herausfordernd auf ihn ein:

›Weil du ein Adler bist, weil du dem Himmel gehörst und nicht der Erde, öffne deine Flügel und flieg!‹

Doch der Adler blieb auf dem ausgestreckten Arm des Naturkundlers sitzen. Ein wenig verstört schaute er ringsum. Als sein Blick auf die Hühner auf dem Boden fiel und er sah, wie sie nach den Körnern scharrten, sprang er wieder zu ihnen hinab.

›Hab' ich's dir nicht gesagt‹, triumphierte der Bauer. ›Der ist schlicht und einfach ein Huhn geworden!‹

›Kann doch nicht sein!‹ hielt der Ornithologe dagegen. ›Dein Huhn ist ein Adler und wird immer ein Adler bleiben. Wollen wir's noch mal versuchen, morgen?‹

Am folgenden Tag stieg der Besucher mit dem Adler auf das Dach des Hauses. Flüsternd beschwor er ihn:

›Adler, wenn du ein Adler bist, öffne deine Flügel und schwing dich in die Höhe!‹

Doch sobald der Adler die Hennen unter sich

sah, wie sie den weichen Boden scharrten, flog er wieder zu ihnen auf die Erde.

Den Bauern freute das, und erneut fühlte er sich bestätigt:

›Hab' ich dir's nicht gesagt! Das Vieh ist ein Huhn geworden!‹

›Nein, nie und nimmer!‹ ließ der Fachmann nicht locker. ›Der ist ein Adler, und immer wird er das Herz eines Adlers haben. Laß es uns noch ein letztes Mal versuchen! Morgen bringe ich ihn zum Fliegen.‹

Tags darauf standen beide, der Naturkundler und der Bauer, in aller Frühe auf. Sie nahmen den Adler und gingen mit ihm aus der Stadt hinaus. Sie gingen, bis kein Haus, in dem Menschen hätten wohnen können, mehr zu sehen war. Sie wandten sich dem Gebirge zu und stiegen auf den höchsten Gipfel. Die Morgensonne lag golden auf den Bergen.

Angekommen, hob der Ornithologe den Adler in die Höhe und befahl ihm:

›Wenn du ein Adler bist, wenn du dem Himmel gehörst und nicht der Erde, ... mach deine Flügel auf und flieg davon!‹

Der Adler schaute um sich. Er bebte am ganzen Körper, als ob neues Leben in ihn hineinströmte. Aber fliegen? Nein, nichts davon. Darauf faßte ihn der Mann ziemlich kräftig und hielt ihn genau der Sonne entgegen, so daß sich seine Augen füllen konnten mit dem Glanz der Sonne und der Weite des Horizonts.

Und in dem Augenblick öffnete er seine gewaltigen Flügel, krächzte das typische Kauu-Kauu des Adlers, reckte sich herrschaftlich und fing an, mit den Flügeln zu schlagen. Und da, siehe da! Er begann zu fliegen, in die Höhe zu fliegen, immer höher. Und er flog ... und flog ... immer weiter, bis sich seine Umrisse im Blau des Himmels verloren ...«

Soweit die Geschichte von James Aggrey. Abschließend rief der Volkspädagoge die Anwesenden auf:

»Brüder und Schwestern, Landsleute! Gott hat uns nach seinem Bild und Gleichnis geschaffen. Aber dann sind Leute gekommen, die uns das Denken von Hühnern eingeimpft haben. Und in der Tat, viele von uns meinen immer noch, wir wären Hühner. Aber was wir sind ... Adler sind wir! Deshalb, Gefährten und Gefährtinnen auf dem Weg, laßt uns die Flügel öffnen und uns in die Lüfte erheben! Laßt uns wie Adler fliegen! Nie mehr wollen wir uns mit den Maiskörnern zufriedengeben, die man uns hinwirft, damit wir danach scharren und sie picken!«

Erzählen und neu-erzählen – im Stil der Hebräer

James Aggreys Geschichte ist eine überzeugende Sache. Sie läßt Tiefendimensionen des Geistes anklingen, ohne die kein Prozeß menschlicher Verwirklichung möglich ist: das Gefühl für die eigene Würde, die Fähigkeit, selbst in nahezu unüberwindlichen Schwierigkeiten über den Dingen zu stehen, sowie die schöpferische Fähigkeit, sich auch in Situationen kollektiver Unterdrückung die Hoffnung nicht nehmen zu lassen.

James Aggrey hatte recht: Jeder Mensch trägt einen Adler in sich. Der Adler will geboren werden, das Licht der Welt erblicken. Er fühlt sich berufen, sich in die Höhe zu schwingen, der Sonne entgegen. Von dorther stehen wir unentwegt vor der Herausforderung, den Adler in uns freizulassen.

Wollen wir dem Adler in uns wieder Raum geben, tun wir gut daran, uns an die Geschichte des ghanesischen Erziehers zu halten. Der Weg der Befreiung wird klarer erkennbar, wenn wir die Geschichte vom Adler neu-erzählen und mit weiteren Daten anreichern. So ist die Basis zur Reflexion breiter, und es fällt uns leichter, nicht zu erlahmen und weiterzumachen. Geschichten neu-erzählen und Dinge und Aspekte hinzufügen ist ein Spezifikum all jener Kulturen, die auf mündlicher Überlieferung gründen, wie etwa die der Schwarzen und der Ureinwohner bei uns. Aber auch Gesellschaften, die die Erinnerung an ihre Altvorderen wachhalten oder in denen eine nichtschulisch tradierte Volkskultur herrscht, verfahren so.

Auch das Volk der Hebräer*, das im Altertum bekanntlich im Raum des heutigen Staates Israel lebte, bediente sich ausgesprochen geschickt dieser literarischen Gattung. Die Meister des alten Israel, das heißt Rabbinen* und Gesetzeslehrer, die die sakralen Texte aus Tenach[4] und Talmud[5]* auslegten, nannten diese Methode Midrasch[6]*. Das Anliegen, das sie damit verfolgten, war, die Botschaft der Glaubensväter und -mütter zu aktualisieren und zu vertiefen.

Zwei Arten von Midrasch gibt es: Halacha* und Haggada*. Die Halacha[7] erläutert und kommentiert, aktualisiert und vertieft jüdische Regeln und

---

4 Tenach: *T*-ora (Gesetz) + *Ne*-biim (Propheten) + *Ch*-etubim (Schriften) = Tenach = Bibel, näherhin das sogenannte Alte Testament.
5 Talmud (eigentlich: Gelerntes): schriftlich festgehaltene Kommentare, Weiterentwicklungen, Erörterungen, Streitgespräche u. ä. zum jüdischen Leben auf der Grundlage des Tenach. Vgl. Glossar.
6 Midrasch: das Suchen, die Forschung. Vgl. Glossar.
7 Halacha: Schritt, Weg, Wandel.

Gebote. In der Haggada[8] indes haben wir es sozusagen mit erbaulichem Material zu tun, das biblische Geschichten mit wahren, legendären oder phantastischen Erweiterungen ausschmückt. Im einen wie im anderen Fall aber geht es darum, die Menschen aufzurichten und die Bedeutung für ihr Leben zu erhellen. So ermutigten und ermutigen die Meister ihr Volk bei seinem Suchen und vermittelten und vermitteln seinem Zug durch die Geschichte Strahl- und Überzeugungskraft. Um diese letztgenannte Figur von Midrasch geht es im folgenden.

Doch zunächst noch ein Beispiel für die Haggada. Im Buch Genesis* – dem ersten Buch der Bibel*, das ja auch als Grundlegung der Geschichte verstanden werden will – wird zweimal die Erschaffung des Himmels und der Erde wie auch der Welt insgesamt erzählt. Im ersten Bericht heißt es, Adam sei aus dem Staub der Erde hervorgegangen und die Frau[9] danach aus einer Rippe Adams. In der zweiten Erzählung steht dann, Gott habe gesagt: »Es ist nicht gut, daß der Mensch allein bleibt. Ich will ihm eine Abhilfe machen, die ihm entspricht« (Genesis 2,18).

Denn unter allen Tieren gab es keines, das Adam ein geeigneter Gesprächspartner hätte sein können.

---

8 Haggada: Gesprochenes, Erzählung.
9 Erst Genesis 3,20 nennt Adam seine Frau Eva (Leben).

Also schuf Gott die Frau, aus der Seite Adams. Üblicherweise wird übersetzt, Gott habe die Frau aus einer Rippe Adams geschaffen. Doch das stimmt so nicht. Im Hebräischen steht an der Stelle nämlich das Wort *zela*, das im eigentlichen Sinn *Seite* und nicht *Rippe* bedeutet. So ist das Ganze eine Metapher* dafür, daß die Frau weder aus dem Kopf des Mannes hervorgeht, wodurch sie möglicherweise über ihn hätte herrschen können, noch aus seinen Füßen, was beinhaltet hätte, daß sie seine Sklavin hätte sein sollen. Nein, sie stammt aus seiner Seite, von der Seite des Herzens; denn sie soll seine Gefährtin sein. Nun hat Adam seine Gesprächspartnerin. Ja, die Frau ist imstande, auf Adam einzugehen. Als er ihrer gewahr wird, ruft er deshalb aus: »Das endlich ist Bein von meinem Bein und Fleisch von meinem Fleisch ... Darum verläßt der Mann Vater und Mutter und bindet sich an seine Frau, und sie werden *ein* Fleisch sein« (Genesis 2,23–24).

An einer anderen Stelle der ersten Schöpfungserzählung heißt es: »Gott schuf den Menschen als sein Abbild; als Abbild Gottes schuf er ihn. Als Mann und Frau schuf er sie« (Genesis 1,27; 5,2).

Danach realisiert sich die Menschheit immer in der Form von Mann und Frau, im Unterschied zwischen Männlich und Weiblich. Die Menschheit besteht aus Adams und Evas. Zwischen Mann und Frau herrscht eine tiefe Beziehung. Beide sind auf der Suche nacheinander, mögen sie wach sein oder schlafen. Die Beziehung der beiden zueinander ist eingetaucht in Faszination und Magie.

Und warum ist dem so? Um die Frage beantworten zu können, entwickelten die Rabbinen* einen haggadischen Midrasch*; und der geht so: Ursprünglich war der Mensch zugleich männlich und weiblich, in einem Mann und Frau. An dem einen Körper trug er auf der Vorderseite die Gesichtszüge und Geschlechtsteile des Mannes und auf der Rückseite die entsprechenden Organe der Frau. Da aber der Mensch gesündigt hat, so die Haggada weiter, schnitt ihn Gott mitten entzwei. Mann und Frau wurden getrennt und bekamen je einen gesonderten Körper. Seither leben Frau und Mann getrennt. Aber kraft einer angeborenen Leidenschaft sind sie unermüdlich auf der Suche nach der verlorenen Hälfte, nach der Vorder- bzw. nach der Rückseite. Sie fühlen sich zueinander hingezogen, wenden sich voller Leidenschaft einander zu, verlieben sich, lieben sich. Und schließlich heiraten sie. Indem sie sich liebevoll verbinden, geht der eine im anderen auf. Und wieder werden sie *ein* Fleisch. Auf diese Weise stellen sie Gottes ursprüngliches Vorhaben wieder her.

Der haggadische Midrasch will eine Erklärung dafür bieten, daß der Mensch eine vielgestaltige, männlich-weibliche Einheit ist. Er will die Zerrissenheit begründen, die uns quält, aber auch das gegenseitige Angezogensein, das beide Seiten in sich spüren. Schließlich will er begreiflich machen, warum wir uns, kraft der Liebe in uns, zu einer lebendigen Wirklichkeit verschmelzen wollen. Die Liebe kann so mächtig werden, daß sie uns treibt, Vater und Mutter zu verlassen und eine neue Familie zu gründen.

Nun also, auf der Spur dieser alten hebräischen Gattung, unser Midrasch, unsere Haggada vom Adler, der zum Huhn geworden ist.

Der eingesperrte und befreite Adler

Ich kannte einmal einen Ornithologen, der viel von Adlern verstand. Als ich ihm James Aggreys Geschichte vortrug, war er begeistert von der Schönheit der Erzählung. Ich kommentierte: Die Geschichte treffe haarscharf auf uns Menschen zu; nur müsse man sie noch etwas weiter ausbauen und ein paar Einzelheiten hinzufügen, dann sei sie überzeugender, und der Herausforderungscharakter komme deutlicher heraus. »Wer weiß?« sagte ich noch, »vielleicht sollten wir uns an die alten hebräischen* Lehrer halten, die eine Geschichte weiter ausmalten, nicht um sie zu verfälschen, sondern um sie noch treffender zu machen.« Ich nutzte die Begegnung mit dem Vogelkundler, um möglichst viel von Adlern zu erfahren.

Mehr als zwei Stunden sprudelte es über Adler aus ihm heraus: wie viele Arten es gibt, wo sie leben, wie sie sich verhalten, wie sie ihr Liebesspiel treiben, wie sie ihre Jungen aufziehen und wie ihre Tage zu Ende gehen.

Dabei erfuhr ich auch, daß es eine besondere Art von brasilianischem Adler gibt: *Harpia harpyja*. Die

Indianer nennen ihn *Uiraçu* oder *Canoho*. Früher war er Herr der Lüfte. Heute, bei der ungehemmten Abholzung der Wälder, überlebt er, völlig zurückgedrängt, gerade noch im Amazonasbecken nördlich des Äquators. Mit einem Federring im Gesicht und einem Helmbusch auf dem Kopf, der sich beim geringsten Geräusch aufrichtet und ihm kaiserähnliche Würde verleiht, ist er wahrlich Ehrfurcht gebietend. Indianerhäuptlinge ahmen den Helmbusch nach, um damit symbolisch ihre Autorität zu unterstreichen. Wie groß der brasilianische Adler ist, mag man sich selbst vorstellen, wenn man weiß, daß das Männchen viereinhalb bis sechs Kilogramm und das Weibchen nicht weniger als bis zu sieben, acht, ja zehn Kilogramm wiegt.

Seit dem Gespräch mit dem Vogelfachmann sind viele Jahre vergangen. Ich habe den Menschen nie mehr gesehen. Aber die Hauptinformationen über den brasilianischen Adler habe ich in Erinnerung behalten – und im Herzen den Samen einer Faszination für seine Symbolkraft. Um mich noch weiter in die Materie zu vertiefen, bin ich in vielen Büchereien und Buchhandlungen gewesen. Ich wollte schlicht noch mehr wissen von den Adlern. Und Gott sei Dank habe ich auch etliche Spezialbücher gefunden, nicht nur auf Portugiesisch, sondern auch in verschiedenen anderen Sprachen. So habe ich viel über Adler gelernt und mir manche lehrreiche Lektion fürs Leben zu eigen gemacht. Hier also meine Version von der Geschichte, in der Form eines haggadischen Midrasch*:

Adler bauen ihre Nester hoch im Gebirge, in sicheren Spalten und Löchern. Oder in den Spitzen der höchsten Urwaldbäume, dort, wo niemand sonst hinkommt. Ihre Nester beziehen Adler immer wieder. Jahr für Jahr kommen sie zurück, und das Weibchen legt zwei bis drei Eier. Jedesmal fügen sie neues Geäst und grüne Zweige hinzu. Nicht selten hat so ein Nest beachtliche Ausmaße: ein Meter hoch, zwei Meter breit und drei Meter lang. Unten besteht es aus groben Ästen, und gepolstert ist es mit weichen Blättern, manchmal auch mit Eukalyptusblättern, die einen angenehmen Duft verbreiten und die Insekten vertreiben sollen. Beim Bau ihres Nestes lassen es Adler nicht an Sorgfalt fehlen.

Wie Adler leben

Das Adlerweibchen bebrütet nur zwei Eier. Während der Brutzeit, die zwischen dreiundvierzig und fünfundvierzig Tage dauert, ist ihm das Männchen behilflich. Danach schlüpft zunächst ein Junges, drei bis vier Tage später das zweite. Doch das ältere kann nicht an sich halten, es pickt auf das neugeborene Geschwisterchen ein, bis dieses in der Regel stirbt. Nur jedes vierte zweitgeschlüpfte Adlerjunge überlebt die Attacken des älteren. Warum das? Kein Mensch weiß es. Die Grausamkeit ist ein Geheimnis der Natur. Vielleicht hat das Ganze mit dem ökologischen Gleichgewicht zu tun, das erhalten werden soll. Denn Adler sind gefräßige, zerstörerische Gewalttäter, die den Fortbestand ganzer Arten bedrohen, wie etwa den von Faultieren und Meerschweinchen und von anderen kleineren Tieren.

Wenn sie noch klein sind, ernähren sich Adler von dem, was ihnen die Alten, in deren Kropf halbverdaut, bringen. Nach einer Weile schleppen sie schon größere Beutetiere heran, die sie noch in Stücke zerhacken. Schließlich aber kommen sie mit einem ganzen Kaninchen an, das das Junge allein zerlegen und fressen soll.

Nach fünfundsiebzig bis achtzig Tagen ist das Adlerjunge erwachsen und unterscheidet sich in der Größe nicht mehr von den Alten. Es kann eigenständig fliegen. Die Augen sind luchsscharf, der Schnabel ist gebogen, und die Zunge hat die Härte und Stärke eines Steins. Mittlerweile ist das Junge auch voll befiedert, zumal an den Beinen. Dies ist nämlich ein Kennzeichen, das Adler von ihren Vettern unterscheidet, wie etwa von den Falken und anderen fleischfressenden Vögeln derselben Spezies. Diese haben nämlich alle an den Beinen keine Federn. Anders die Adler: Die dreißig Adlerarten, die man kennt (*Aquila rapax, Aquila audax, Aquila ver-*

reauxii, Hieraetus billicosus, Spizaetus coronatus, Harpia harpyja), haben an den Beinen von oben bis unten Federn, bis zu den Krallen. Nunmehr ist das Adlerjunge ausgewachsen. Jetzt kann es sich in den blauen Himmel erheben, die höchsten Gebirgszüge überfliegen und Wind und Wetter trotzen.

Ein paar Tage, bevor es losgeht, läßt sich beobachten, wie sich das Junge dem Rand des Nestes nähert. Es schaut in den Abgrund. Denn dort unten leben ja die Tiere, die es wird jagen müssen. Oder in die Tiefe des Himmels, in die grenzenlose Freiheit, wo sich die Alten genußvoll vom Winde tragen lassen. Wenn es die Augen auf die Erde richtet, haftet doch das Herz in der Höhe.

Wie Adler sich verlieben und paaren

Adlermännchen und Adlerweibchen bleiben ihr ganzes Leben treu zusammen. Gemeinsam jagen sie, gemeinsam bauen sie das Nest, gemeinsam brüten sie die Eier aus, und gemeinsam suchen sie nach Futter für die Jungen. Ähnlich den Menschen kopulieren Adlerpärchen nicht nur, um die Art zu vermehren oder um in bestimmten Jahreszeiten zu brunsten.

Überraschenderweise kopulieren Adler häufig. Während sie verliebt sind, bis zu achtmal am Tag. Nach der Paarung lieben sie sich zu jeder Jahreszeit, um damit ihre innige Zusammengehörigkeit zum Ausdruck zu bringen.

Während sie noch verliebt sind, entfalten Adlermännchen und Adlerweibchen ausdrucksstarke Symbole. Das Männchen fliegt in die Höhe und stürzt sich dann wie ein Pfeil auf das Weibchen, das etliche Meter unter ihm fliegt. Während sich das Männchen nähert, dreht sich das Weibchen auf den Rücken. Es streckt die Brust nach oben, hält die Flügel geöffnet und spreizt die Krallen dem Männchen entgegen. Das Fest der Begegnung beginnt. Das Männchen, das wie ein Pfeil von oben geschossen kommt, bleibt mit einemmal in der Luft schweben. Es öffnet die Flügel und steckt seine Krallen in die des Weibchens. So bleiben sie, fliegend bald wie ein Fahrrad, bald vorwärts, bald nach links oder nach rechts, bald sich fallen lassend, trunken von Leidenschaft, bis sie beinahe die Erde berühren. Erst jetzt lassen sie voneinander los, fliegen davon wie eine Girlande und steigen wieder in die Höhe, um sich neuerlich mit ihren Krallen zu umarmen und Schnecken zu beschreiben am Himmel.

Dann paaren sie sich. Aber zuvor gehen zwei rivalisierende Adlermännchen erst noch wild aufeinander los. Der Kampf ist heftig, ja blutig. So etwas kann Stunden dauern. Krallen, Schnabel und Flügel, das sind die Waffen, die sie gegeneinander einsetzen. Mitunter verhaken sie sich in der Luft, mehrere hundert Meter hoch. Federn fliegen nach allen Seiten. Ineinander verschlungen, stürzen sie bis kurz vor der Erde ab. Erst jetzt lassen sie los. Doch wieder geht es in die Höhe. Neue gegenseitige Angriffe, neue böse Kämpfe. Es hat es schon gegeben, daß sie sich schließlich auf dem Boden wälzen, in einer Wolke aus Staub und Federn, in blutigem Zerfleischen. Bis sich dann endlich eines der beiden mit letzter Furie und Gewalt auf das andere stürzt und es endgültig trifft. Der Kampf ist dann beendet, wenn sich eines der Männchen geschlagen gibt und in die Weite des Himmels entflieht.

Ist die Braut erobert, grenzt der Gewinner triumphierend sein Gebiet ab. Und hier lebt dann das Paar, fliegend und jagend, viele, viele Jahre, glücklich, bis der Tod die beiden scheidet. Adler können bis an die dreißig Jahre alt werden.

Wie einmal ein Adler zum Huhn wurde

Während das Junge im Nest heranwächst, können Unfälle passieren. Ein Felsen kann sich lösen und alles, Nest und Junges, mit sich in die Tiefe reißen. So geschah es denn auch einmal. Und hier nun beginnt unsere Geschichte.

Es war an einem Sommerabend. Auf einer grünen Hochebene im urwaldbedeckten Atlantikgebirge des brasilianischen Bundesstaates Rio de Janeiro kam müde ein Ziegenhüter von der Arbeit. Am Fuße eines Felsens fand er plötzlich ein Nest. Ein Adlernest mußte es sein! Ganz zerzaust war es. Halb verdeckt unter dem Reisig lag da ein Adlerjunges, blutverschmiert, mit einer bösen Wunde am Kopf. Da war wohl nichts mehr zu machen. Tot schien es zu sein. Doch der Ziegenhüter erkannte sofort: Das war das Junge eines der ganz selten gewordenen brasilianischen Adler, der von Ausrottung bedrohten *Harpia*.

Behutsam nahm er das Adlerjunge auf und dachte:

»Ich will es einmal mit nach Hause nehmen und meinem Nachbarn geben; der ist ja ein großer Vogelliebhaber. Der stopft Sperber und Reiher aus, Wildenten und viele andere Vögel. Vielleicht kann er ja auch mit dem Adlerjungen etwas anfangen.«

Gesagt, getan. Sein Heimweg führte ihn am Haus des Vogelfreundes vorbei. Dieser begrüßte den Ziegenhüter freundlich, zeigte sich aber einigermaßen überrascht, einen Harpia-Adler angeboten zu bekommen; denn der war doch äußerst selten geworden in der genannten Gegend. Das Tier tat ihm leid. So jung – und sterben müssen! Beinahe ehrfürchtig legte er es in einen Korb.

»Morgen werde ich mich drum kümmern«, brummelte er resigniert vor sich hin. »So klein das Tier ist, ausgestopft wird es eine Zier in jedem Wohnzimmer sein.«

Doch am folgenden Tag war er nicht wenig überrascht. Als er den Korb nahm, bewegte sich das totgeglaubte Adlerjunge nämlich leicht. Die Krallen, so winzig sie waren, waren geschlossen. Am ganzen Körper Verletzungen. Und blind war es wohl auch.

Wieder tat ihm der junge Adler leid. Aus Mitleid hätte er ihn fast getötet. War das denn nicht vernünftig? Er drehte an seinen Knöpfen und dachte:

»Harpia-Adler schlagen viele Kleintiere, besonders Faultiere und Affen. Die bringen das ganze Ökosystem aus dem Gleichgewicht. Jedes Harpia-Pärchen braucht allein für sich fünfzig Quadratkilometer zum Jagen und fliegt ab und zu an die dreihundert Kilometer weit.« Er erinnerte sich, in der Zeitung gelesen zu haben, daß man vor einiger Zeit am Amazonas im Umfeld eines Adlernestes Reste von vierzig Hasen und mehr als zweihundert Enten gefunden hatte, die allesamt Opfer des Adlers geworden waren.

Schließlich fiel ihm ein, daß man in Australien Adler zu Hunderten schießt, weil sie Känguruhs und andere kleinere Tiere anfallen. Da es dort keine Aasgeier gibt, machen sich die Adler auch über Tierkadaver her. So kommt es, daß es in Australien Adler in Scharen gibt. In einer Zeitschrift über Raubvögel hatte er gelesen, daß in der Zeit von 1950 bis 1959 einhundertzwanzigtausend australische Adler erledigt worden waren.

Das alles ging ihm durch den Kopf, als er nach Gründen suchte, das Junge aus Barmherzigkeit zu töten. Doch dann dachte er auch an Buddha* und Franz von Assisi* mit ihrer je eigenen Spiritualität. Der eine wie der andere lebten und predigten grenzenloses Mitleid mit allen Geschöpfen, die leiden. Und dann fiel ihm noch ein Satz aus der ökologischen Ethik ein: »Gut ist alles, was Leben erhält und fördert; schlecht ist alles, was Leben mindert und hindert.« Und sogar ein Wort aus der Bibel* kam ihm in den Sinn: »Wähle das Leben! Und du wirst leben.«

Aus all diesen Gründen kam er zu der Überzeugung, das Adlerjunge nicht opfern zu dürfen. Er beschloß, es zu retten. Also fing er an, es mit Sorgfalt und Zärtlichkeit zu behandeln. Doch der junge Vogel reagierte kaum. Er fraß nicht und bewegte sich nicht. Wie er hingesetzt wurde, so blieb er. Ohne Licht und ohne Sonne ist ein Adler kein Adler.

Jeden Morgen legte ihm der Vogelfreund Fleischstückchen hin und fütterte ihn mit Mühe. Nach einem Jahr merkte er allmählich, daß die Sinne des jungen Adlers etwas von Leben wahrnahmen. Zunächst schien er zu hören; denn auf die Schritte, mit denen ihm das Fleisch gebracht wurde, reagierte er zufrieden. Dann streckte er den Schwanz aus, in der Regel keilförmig, und schlug erfreut mit den Flügeln.

Die Flügel eines erwachsenen Adlers besitzen eine Spannweite von mehr als zwei Metern. Beim brasilianischen Harpia-Adler messen die Flügel sogar zwei bis zweieinhalb Meter. Und die geöffneten Flügel des Andenadlers, des Kondors, umgreifen nicht weniger als drei bis dreieinhalb Meter.

Schließlich fing der Adler an, selbständig zu laufen. Er lief durch das Haus und durch den Garten und setzte sich auf den höchsten Baumstumpf. Am Ende ließ er auch noch seine Stimme vernehmen und gab das für den Adler typische Kauu-Kauu von sich.

Nur, er blieb blind. Dabei sind die Augen alles für einen Adler. Mit seinem durchdringenden Blick sieht er achtmal mehr als ein Mensch. Seine Netzhaut ist teils monokular zum Nahsehen und teils biokular zum Weitsehen. Da er seinen Kopf um einhundertachtzig Grad drehen kann, sieht er alles, und nichts entgeht seinem Späherblick. So erkennt er das Schnäuzchen eines Kaninchens, das aus seiner Höhle lugt, oder die Hörnerspitzen einer Gazelle, die sich im Gebüsch versteckt, noch aus einer Entfernung von eintausendsechshundert Metern. Und dann schießt der Adler los, wie ein Pfeil. Anders, als man meinen könnte, tötet er seine Beute nicht mit dem Schnabel, sondern allein mit den

Krallen, die wie Dolche wirken. Die Krallen des Harpia-Adlers sind länger und schärfer als die des nordamerikanischen Grizzlybärs. Mit dem Schnabel reißt er, unter Zuhilfenahme der muskulösen, starken Zunge, das Fleisch in Stücke.

Schließlich beschloß der Vogelausstopfer, den Adler zu seinen Hühnern in den Hühnerstall zu geben. Natürlich ist ein Adler kein Huhn. Aber vielleicht provozieren ihn die Hennen, zu leben, sich einmal zu bewegen und, wer weiß, in sich das Bild von den Höhen des Himmels entstehen zu lassen und eines Tages sich nach der Sonne zu sehnen. Wer weiß? ... Vielleicht kommt das Augenlicht wieder.

Umgekehrt besteht aber auch die Gefahr, daß unser Adler den Himmel und den weiten Horizont der Sonne vergißt und sich der engen Umfriedung des Hühnerstalls anpaßt. Möglicherweise nimmt er auch die Manieren der Hühner an. Oder ob er am Ende vielleicht sogar zum Huhn wird?

So kam es, daß der junge Adler weiter mit den Hühnern aufwuchs. Zwei Jahre lief er blind zwischen den Hühnern umher. Aber das Laufen fiel ihm schwer; denn die Krallen eines Adlers sind nicht zum Laufen gemacht. Hier und dort scharrte er den Boden, wie Hühner den Boden scharren; aber sehen konnte er nichts.

Eines Tages hatte der Vogelfreund das Gefühl, ein Wunder sei geschehen. Der Adler sah! Ja, mit einemmal konnte er sehen und unterschied auch schon das Futter von anderen Dingen. Seine Augen waren enorm. In der Tat: Adleraugen sind so groß wie Menschenaugen, auch wenn der Vogel acht-undzwanzigmal weniger wiegt als ein mittelgroßer Mensch.

Endlich war unser Adler geheilt und vollkommen wiederhergestellt. Nach drei Jahren sorgsamer Pfle-ge hatte er wieder ganz den Körper eines Adlers. Nur: Unter dem Druck der Tatsache, zusammen mit Hühnern gelebt zu haben, war er selbst zum Huhn geworden. Er lebte mit Hühnern, scharrte wie Hüh-ner und schlief zusammen mit Hühnern auf dem Wiemen. Der Vogelausstopfer, der ja mit seinem Beruf voll beschäftigt war, hatte sich mittlerweile an das Adlerhuhn zwischen den anderen Hennen ge-wöhnt. Mit der Zeit hatte er den Adler vergessen.

Wie das Adlerhuhn wach wurde

Der Adler hatte seinen Adlerkörper wieder. Und das Adlerherz? War es ihm abhanden gekommen? Die Frage lag eines Tages plötzlich auf dem Tisch, weil etwas Unvorhergesehenes passiert war.

Eines sonnigen Morgens wurde nämlich ein Pär-chen jenes großen, imposanten brasilianischen Ad-lers über dem Hühnerstall gesichtet. Die beiden Adler flogen ganz wüst hin und her. Die Küklein, die sich im Hühnerstall befanden, hatten nämlich gleichermaßen ihre Aufmerksamkeit wie ihren Appetit geweckt.

Ein wüstes Durcheinander. Die Adler stürzten sich nur deshalb nicht auf die Küken, weil ihnen der Vogelausstopfer zur Hilfe kam …

Als das Adlerhuhn das Adlerpärchen am Himmel kreisen sah, breitete es die Flügel aus, schüttelte den Schwanz und versuchte sich im Fliegen. Nur ein paar Meter. Die Sonne begann, in seinen Augen aufzugehen.

In diesem Augenblick wurde unserem Vogelfreund klar, was los war: Sein Adlerhuhn fing an, für sein Adlersein wach zu werden; allmählich schlug das Herz des Adlers wieder in ihm.

Das Adlerpärchen flog in eleganten Runden davon. Das Adlerhuhn beruhigte sich. Nach einer Weile sah man es wieder in der Schar seiner Schwestern, der gackernden Hennen. Gleichwohl, etwas war mit ihm passiert. Bisweilen, wenn wieder einmal ein Adler über den Hühnerauslauf flog, verdrehte es den Kopf, um den Vogel da oben besser zu sehen. Waren das da am Himmel, die Adler in den Lüften, denn nicht seine wirklichen Geschwister? Geräuschvoll schlug er mit seinen gewaltigen Schwingen und versuchte, auch selbst ein Stückchen zu fliegen. Doch schon bald obsiegte die zweite Natur des Adlerhuhnes wieder in ihm.

Immer deutlicher sah der Vogelausstopfer die kleinen Zeichen. Er sagte sich:

»Ein Adler ist und bleibt ein Adler. Adler haben eine ganz eigene Natur. In ihnen stecken Höhe und Ferne. Aus ihren Augen strahlt die Sonne. Die Unendlichkeit des Firmaments beseelt ihre Flügel, daß sie den gewaltigsten Stürmen trotzen können. Auch mein Adler ist wohl für den offenen Himmel geschaffen. Hier kann er nicht mehr bleiben, auf dem Boden, eingesperrt im Hühnerstall, zusammen mit den Hühnern.«

Da kam einige Zeit später ein befreundeter Naturkundler bei unserem Vogelpräparator zu Besuch. Man unterhielt sich über die Vögel, die es in der Gegend gab, und nahm auch den zur Henne gewordenen Adler in Augenschein. Der Besucher zeigte sich erstaunt über die Fähigkeit des Adlers, sich anzupassen, aber er dachte sich:

»Kein Adler wird je zum Huhn. Jeder Adler hat ein Herz in der Brust. Und dieser hier, der ist auch ein Adler. Sein Herz wird ihn zum Fliegen bringen. Der wird wieder ein richtiger Adler werden!«

Die beiden beschlossen die Probe aufs Exempel. Die Frage war, wie viel des ursprünglichen Adlers noch in dem Bastard steckte. Der Vogelausstopfer legte sich einen Lederschutz um den Arm, um nicht von den scharfen Krallen des Adlerhuhns verletzt zu werden. Mit einiger Mühe gelang es ihm, das Tier zu fangen. Er setzte es auf den ausgestreckten Arm. Das Biest war ziemlich schwer, wohl an die drei Kilogramm. Vom Freund inspiriert, redete er gebieterisch auf das Adlerhuhn ein:

»Adler, du wirst nie aufhören, Adler zu sein! Du hast doch schon so viel mitgemacht! Dein Augenlicht hast du wiederbekommen. Du bist für die Freiheit geschaffen – und nicht für den Hühnerstall! Also, streck deine Flügel aus! Ab, los geht's! Flieg los, in die Höhe!«

Der Adler war wie benommen. Er rührte sich keinen Mucks. Als er die Hühner um sich herum sah, wie sie scharrten und Mais pickten, ließ er sich wie einen Sack fallen und tauchte in der Schar der Hennen unter.

Doch der Naturkundler redete auf unseren Vogelpräparator nachdrücklich ein, so daß dieser alles andere als entmutigt war. Er überlegte:

»In jedem Adler wohnt der Ruf der Grenzenlosigkeit. Sein Herz hängt an den höchsten Gipfeln der Berge. Mag die Sklaverei, der er womöglich ausgesetzt ist, auch noch so schlimm sein, die Stimme in ihm als Adler wird er nicht überhören. Sie wird ihn in die Höhe rufen, in die Freiheit!«

Am nächsten Tag schnappte er sich erneut den Adler im Hühnergehege. Wieder legte er den Lederschutz an. Mit seinem Freund stieg er auf den Balkon des Hauses. Und unter den erwartungsvollen Blicken des Vogelfachmanns beschwor er den Adler:

»Adler! Bist du denn nicht immer ein Adler gewesen und wirst immer ein Adler sein? Also wach aus deinem Schlaf auf! Gib deiner Natur, die ja für die Höhe des Firmaments geschaffen ist, die Freiheit! Laß die Sonne in dir aufgehen! Öffne deine Schwingen! Und flieg in den grenzenlosen Raum!«

Offensichtlich konnte der Vogel mit solchem Gerede partout nichts anfangen, mochten die Worte noch so bewegend gemeint sein. Ungerührt schaute er nur nach unten. Er hörte die Hühner gackern und sah sie Wasser trinken aus dem Napf. In der Hoffnung, den Adler auch gegen seinen Willen zum Fliegen zu bringen, warf er ihn in die Luft. Vergebens, schwer fiel er auf den Boden. Wohl versuchte er noch, ein paar Meter zu fliegen, schwerfällig, so wie Hühner fliegen. Aber Fliegen konnte man das eigentlich gar nicht nennen.

Seinem Freund, dem Naturkundler, wußte er nur noch zu sagen: »In diesem Adlerhuhn scheint das Huhn die Oberhand zu behalten.«

Wie das Adlerhuhn doch noch wieder zum Adler wurde

Da fiel den beiden ein, daß die Sonne für die Augen eines Adlers ja ganz wichtig ist. Also folgerte der

Naturkundler richtig: »Jeder Adler ist ein Kind der Sonne. Von klein an lernt er, die Sonne mit den Augen zu schlürfen. Die Adlermutter hält das Junge in Richtung der Sonne. So gewöhnen sich die Augen an den Glanz der Sonne. Deshalb also«, hielt er für sich fest, »haben Adler von klein an bis ins reife Alter Augen mit den typischen Farben der Sonne, mit einem strahlenden Gelb oder einem kräftigen Orange. Erst beträchtlich später, wenn sie schon eine ganze Zeit nach Beute auf der Erde gespäht haben, nehmen ihre Augen die Farbe der Erde an und werden braun.«

Und der Vogelausstopfer dachte den Gedanken weiter und fragte:

»Wenn dem so ist, sollte dann nicht die Sonne unserem Adler wiedergeben, was er vergessen hat: daß er ein Adler ist? Sollte aber dann die Sonne sein schlafendes Herz nicht wiederaufwecken?«

»Das denke ich auch«, bestätigte ihn der Naturfachmann.

Am folgenden Tag standen die beiden in aller Frühe auf. Die Sonne war noch gar nicht aufgegangen. Es wurde ein herrlicher Morgen. Die dunklen Umrisse der Berge hoben sich großartig vom Dunkelrot des Himmels ab. Im Osten legten die ersten Strahlen einen goldenen Schein auf die Spitzen der Gipfel, bis diese ganz gelb schienen.

Bis dort oben hin trieb es den Vogelpräparator

und seinen Freund, den Fachmann in Sachen Natur. Oben angelangt, sahen sie die Sonne aufgehen, wunderbar mild, hinter dem Gebirgskamm. Die Strahlen waren eine Wohltat. Die Natur erwachte, stand wieder auf – aus der Mattheit der Nacht.

Und wieder legte der Vogelausstopfer den Lederschutz über den Arm, setzte den Adler darauf und streckte den Arm kraftvoll aus. Unter dem zuversichtlichen Blick des Kollegen beschwor er den Vogel:

»Adler, du bist doch ein Freund der Berge und ein Kind der Sonne. Ich flehe dich an: Wach auf aus deinem Schlaf! Zeig deine innere Kraft! Hier spürt dein Herz die grenzenlose Weite. Laß dich von dieser Unendlichkeit zu neuem Leben erwecken! Öffne deine mächtigen Schwingen! Und flieg in die Lüfte davon!«

Der Adler hörte überraschend aufmerksam zu. Man hatte beinahe den Eindruck, er fände nach langer Selbstvergessenheit wieder zu sich. Sein Blick schweifte umher und erfaßte die Berge. Doch da fing das Tier an zu zittern. Der Ausstopfer wollte es beruhigen, indem er es nach oben und nach unten bewegte. Doch die Angst ließ es nicht los. Dem Vogelpräparator gelang es nicht, den Adler zum Fliegen zu bringen.

Da hatte der Naturkundler eine Idee. Er riet dem Vogelausstopfer, den Adler fest in beide Hände zu nehmen, den Kopf festzuhalten und das Tier eine gute Weile in Richtung Sonne schauen zu lassen. Und so tat er es dann auch. Die Augen des Adlers leuchteten auf. Sie tranken den jugendlichen Glanz der Sonne, in Gelb und in ein kräftiges Orange getaucht.

»Jetzt, jetzt wird er als Adler wiedergeboren! Die Sonne bricht in seiner Seele auf!« begeisterte sich unser Präparator.

Laut und von keinem Zweifel angefochten fügte er hinzu:

»Adler, du hast doch nie aufgehört, Adler zu sein! Du gehörst dem Himmel und nicht der Erde. Zeig uns jetzt, daß du tatsächlich zum Adler geschaffen bist! Öffne deine Augen! Laß die aufgehende Sonne in dich hinein! Streck deine Flügel aus! Erheb dich über dich selbst hinaus! Los! Ab in die Lüfte! Flieg, Adler, flieg!«

Fest faßte er den Vogel an den gefiederten Beinen, warf ihn in die Höhe und gab ihm einen letzten Stoß.

Welch eine Überraschung! Geradezu hoheitlich reckte sich der Adler über die Ausmaße seines eigenen Körpers hinaus, öffnete die langen zitternden Schwingen, streckte den Hals nach vorn und nach oben, als wollte er die Weite des Raumes messen und ... fing an zu fliegen, zu fliegen in Richtung der aufgehenden Sonne. Zickzack ging es zunächst, sicherer dann, unbeirrt schließlich, hoch und höher, immer höher, bis er schließlich hinter dem letzten Horizont verschwand.

Der Adler, der bis dahin im Huhn eingesperrt gewesen war, hatte sich durchgesetzt und war aus dem Gefängnis ausgebrochen. Endlich war er frei, frei zu fliegen. Der wiedergeborene Adler flog in die Grenzenlosigkeit. Und so flog er, bis er mit dem Blau des Firmaments verschmolz.

Adler und Huhn –
beide wohnen in uns

Die Geschichte, die wir gerade im Stil eines hebräisch-haggadischen Midrasch* erzählt haben, ist eine treffende Metapher für das Menschsein.

Wohin wir auch schauen, immer stoßen wir auf die Dimension des ›Huhnes‹ und des ›Adlers‹ in uns. Beide begegnen uns unter vielen Namen: Wirklichkeit und Traum, Zwang und Wunsch, Geschichte und Utopie, Tatsache und Idee, Verwurzeltsein und Offenheit, Leib und Seele, Religion und Glaube, Teilchen und Welle, Chaos und Kosmos, geschlossenes System und offenes System, und vieles mehr.

Komplexität: Grundstruktur des Alls

Alle diese Begriffspaare bezeugen die Komplexität ein und derselben Wirklichkeit. *Komplexität* ist eines der sichtbarsten Merkmale der uns umgebenden Wirklichkeit. Das Wort steht für die verschiedensten Faktoren, Energien, Beziehungen und Inter-retro-Reaktionen, die sowohl jedes Sein einzeln genommen wie auch das Gesamt der Dinge im Universum charakterisieren. Alles steht in Verbindung mit allem. Nichts steht für sich allein da, isoliert, ausschließlich aus sich und für sich. Alles ko-existiert und inter-existiert mit allen anderen Wesen des Universums.

Die moderne Wissenschaft, so wie sie von Isaac Newton*, Nikolaus Kopernikus* und Galileo Galilei* entwickelt wurde, hatte keinen Sinn für Komplexität. Ihr ging es darum, das Komplexe auf das Einfache zurückzuführen.

Betrachteten Wissenschaftler dieser Schule zum Beispiel die Natur, kam keiner von ihnen auf die Idee, das vielfältige Beziehungsnetz zu untersuchen, in das die Dinge eingewoben sind. Wohl aber zerlegten sie das Ganze in seine Einzelteile und ordneten diese in Kategorien ein. Für die Bezüge, die alle Dinge und alle Wesen (Felsbrocken, Winde, Wassermengen, Wälder, Tiere, Männer und Frauen) in alle Richtungen haben: nach vorn und nach hinten, nach innen und nach außen, nach oben und nach unten ebenso wie unter sich, dafür hatten sie keinen Blick.

Also fing man an, sich nur mit Felsbrocken oder Hölzern, nur mit Tieren oder nur mit dem Menschen zu beschäftigen. Und was den Menschen betrifft, so interessierten sich die einen nur noch für Zellen und Gewebe, die anderen nur noch für Organe und Organismen und wieder andere nur noch für die Augen, für das Herz oder für den Knochenbau. Aus den je spezifischen Annäherungen entstanden dann die bekannten unterschiedlichen Teilwissenschaften und Spezialgebiete. Was man im Detail gewann, verlor man im Ganzen. Beeindruckend, wie tief das Sein in Vergessenheit geriet, zugunsten des einzelnen Existierenden. Das Gespür für Gesamtheit und Komplexität verkümmerte zusehends.

Keine Zelle existiert für sich allein. Jede Zelle ist Teil eines Gewebes, das seinerseits Teil eines Organs ist. Und dieses wiederum gehört zu einem Organismus, der zu einer ökologischen Nische gehört. Diese bildet noch einmal zusammen mit anderen ein Ökosystem. Und das Ökosystem schließlich ist Teil des Planeten Erde. Aber es geht noch weiter: Sonnensystem, Milchstraße, Kosmos. Und der Kosmos endlich ist eine der Ausdrucksformen, in denen sich das Geheimnis bzw. Gott manifestiert.

Anders, als man in der modernen Wissenschaft annahm, bilden Natur und Weltall in Wirklichkeit nicht einfach die Summe der existierenden Dinge und Wesen. Sie bilden ein Netz von Beziehungen unter sich und stehen fortwährend in Interaktion. So sieht es mittlerweile auch die Wissenschaft heute. Die Wesen, die aufeinander reagieren, sind mehr als bloße Objekte. Sie werden zu Subjekten, die sich unentwegt berühren und aufeinander bezogen sind und dadurch ein komplexes System von Inter-retro-Relationen bilden. Das Universum ist mithin das Gesamt der Beziehungen der Subjekte.

Die Dualitäten, von denen eingangs dieses Kapitels die Rede war, sind Dimensionen ein und derselben komplexen Wirklichkeit. Die Begriffspaare konstituieren Dualität, aber keinen Dualismus. Beides – Dualität und Dualismus – müssen wir sauber auseinanderhalten.

Dualismus heißt, daß die Elemente des jeweiligen Paares nebeneinander stehen, ohne Beziehung zueinander. Dualismus reißt auseinander, was in der konkreten Wirklichkeit immer zusammen vorkommt. Leute, die so denken, können nur gelten lassen: rechts *oder* links, innen *oder* außen, männlich *oder* weiblich.

Dagegen setzen Menschen, die eher im Sinne von Dualität denken, ein *und*, wo die anderen ein *oder* gesagt hätten. Damit benennen die Paare die zwei Seiten eines Ganzen, die zwei Dimensionen ein und derselben Komplexität. Die Etymologie des Wortes *komplex* ist höchst aufschlußreich. Es kommt vom lateinischen *com-plecti*, das soviel wie *umschlingen, umfassen* und *umarmen* heißt. Bezeichnend ist überdies, daß der Stamm *plect* mit dem deutschen *flechten* zu tun hat. So zeigt allein schon die Wortgeschichte von *komplex*, daß es sich um etwas handelt, was durch die Verbindung vieler Teile und durch die Inter-retro-Beziehung all seiner Elemente untereinander gebildet wird und infolgedessen ein dynamisches System gebiert, das immer für neue Synthesen offen ist.

Im folgenden einige Beispiele für komplexe Gegebenheiten, die von Dualität und von den Dimensionen des Adlers und des Huhns geprägt sind.

Wirklichkeit aus Chaos und Kosmos

Dank den Erkenntnissen der neuen Physik, der Molekularbiologie, der allgemeinen Systemtheorie, der Informatik und der transpersonalen Psychologie sowie der Entwicklung der Ökologie überzeugte sich die zeitgenössische Wissenschaft davon, wie wichtig bei der Entstehung des Universums und des Menschen die Beziehung zwischen Chaos und Kosmos, zwischen Ungleichgewicht und Gleichgewicht, zwischen Unordnung und Ordnung ist.

Am Anfang war ein unvorstellbares Konzentrat aus Materie und Energie, in vollkommenem Gleichgewicht. Ohne daß jemand den Grund wüßte, kam es dann aber zum Urknall*. Mit unaussprechlicher Gewalt explodierte das Konzentrat und schleuderte Energie und Materie in alle Richtungen. So brachte der Urknall eine erste unberechenbare Instabilität, ein Chaos unauslotbaren Ausmaßes. Alles explodiert und expandiert. Explosion bedeutet Einbruch von Unordnung, Expansion Ermöglichung von Ordnung. Das Weltall, jedes Sein und jedes Ding tragen in sich die beiden Bewegungen: Chaos (Unordnung) und Kosmos (Ordnung).

Doch Chaos ist nicht einfach eine ›chaotische‹ Sache. Das Chaos erweist sich als generativ und selbstschöpferisch. Es eröffnet Raum für Strukturierung und Ermöglichung von immer eleganteren (›kosmetischen‹), sinnvollen Ordnungen.

So wie sich die Situation gegenwärtig darstellt, läßt sich sagen: Das All ist weder hundertprozentig chaotisch noch hundertprozentig kosmetisch. Es hat beides. Im Universum herrscht eine solche Ordnung, daß die größten Wissenschaftler wie Newton*, Einstein* und Prigogine* fasziniert sind und es an Verehrung nicht mangeln lassen. Jeder und jede von uns selbst steht ja auch immer wieder voller Bewunderung vor der Schöpfung.

Doch gleichzeitig steht die Ordnung auf wackligen Beinen, gerät aus dem Gleichgewicht und landet im Chaos. Aber die Dinge nehmen ihren Lauf: Ordnung – Unordnung – Interaktion – neue Ordnung. Das Chaos ist nie total und die Ordnung nie unerschütterlich. Alles befindet sich in einem ständigen, offenen Prozeß, im Streben nach einem dynamischen Gleichgewicht. Aus diesem Grund sprechen wir berechtigterweise von Kosmogenese* und Anthropogenese*. Das heißt: Sowohl der Kosmos als auch der Mensch sind noch im Werden. Sie befinden sich im Prozeß des Geborenwerdens. Ihre Geburt haben sie noch nicht voll hinter sich. Nicht vollkommen sind sie, sondern vervollkommnungsfähig. In dem Maße, in dem der Prozeß fortschreitet, tendiert er zu immer größerer Vielfalt und dadurch zu immer dichterer Komplexität.

Ilya Prigogine, Nobelpreisträger für Chemie des Jahres 1977, und seinen Teams in Brüssel und in Austin (Texas) kommt das Verdienst zu, nachgewiesen zu haben, daß Ordnung aus Fluktuation entsteht (Unordnung, Nichtgleichgewichtszustände). Das Gesetz gilt nicht nur für lebende Wesen offener Systeme, die unentwegt mit der Umgebung in Austausch stehen und immer wieder in ein dynamisches Gleichgewicht kommen. Nein, es beschreibt die Hauptmechanik des Evolutionsprozesses in allen Bereichen, in Energiefeldern und Atomen, in Galaxien und biologischen Systemen, in menschlichen Gesellschaften und Kulturen ebenso wie im Menschen selbst.

So kommt es, daß wir heute die Evolution als eine Einheit verstehen, welche sich aufbaut in gespannter Dynamik zwischen Chaos und Kosmos, zwischen Ordnung und Unordnung. Immer strebt sie nach dynamischem Gleichgewicht, das aber dann wieder neue in der Schöpfung enthaltene Möglichkeiten zu realisieren vermag.

Diese Sehweise hilft uns, Licht in das dornige Problem des Bösen zu bringen. Kosmogenetisch*, dynamisch betrachtet ist das Böse ein Urdatum. Die ›Allesschaffende Kraft‹ läßt und ließ die unterschiedlichsten Wesen auf den Plan treten. Doch keines ist vollkommen. Samt und sonders müssen sie aus innerer Notwendigkeit verschiedene Stadien durchlaufen, bis sie schließlich zu ihrer möglichen Fülle finden. Sünde hieße in diesem Sinn: von der Dynamik nichts wissen wollen, nicht wachsen wollen, das Angebot von mehr Ordnung und mehr Leben ablehnen.

Wirklichkeit als Welle und Teilchen

Über die Dualität zwischen Chaos und Kosmos hinaus gibt es noch eine andere, die zwischen Teilchen und Welle. Nach heutigem Wissenschaftsverständnis ist sie ein Strukturelement der Wirklichkeit.

In den zwanziger Jahren dieses Jahrhunderts entwickelten Wissenschaftler wie Niels Bohr* und Werner Heisenberg* mit ihrer Quantenphysik und Albert Einstein* mit seiner Relativitätstheorie ein neues Verständnis von der Struktur der Materie. Danach liegen die Dinge des Weltalls nicht einfach nebeneinander oder sind dahin geworfen wie Billardkugeln, die aneinanderstoßen. Nein, sie bilden Systeme voller Ordnung, in denen alle mit allen zu tun haben.

Mehr noch: Sie sind verdichtete und stabilisierte Energie innerhalb von Energiefeldern, die fortwährend in Bewegung sind und in Beziehung miteinander stehen. Alle atomischen und subatomischen Elemente weisen ein duales Verhalten auf. Bald reagieren sie wie materielle Teilchen, mit einer konkretisierten Masse in einem bestimmten Punkt des Raumes. Bald verhalten sie sich wie Wellen, die sich in Bündeln in alle Richtungen verbreiten.

Der Mensch, der das Ganze beobachtet, ist konstitutiv mit in den Prozeß hineingenommen. Ja, er trägt dazu bei, die Natur der Phänomene zu definieren. Beschließt er, Wellen wahrzunehmen, nimmt er in der Tat Wellen wahr. Will er dagegen Teilchen feststellen, stellt er unfehlbar auch Teilchen fest.

Nehmen wir als typisches Beispiel das Licht. Licht kann man verstehen als Welle, die sich durch das ganze All bewegt, von einem Ende bis zum anderen Ende. (Allerdings gibt es durchaus auch noch offene Fragen, die die Wissenschaft bisher nicht beantworten konnte: Wer treibt das Licht an? Wer verleiht ihm seine Geschwindigkeit?) Licht kann man aber auch als materielles Teilchen begreifen, das sich zurückhalten, horten und umleiten läßt. Wie das Licht, so weisen auch alle übrigen Phänomene eine duale Natur auf, sind zugleich Energiewelle und materielles Teilchen.

Als Schlüssel zum globalen Verständnis der Wirklichkeit schlug Niels Bohr* 1928 das Prinzip der Komplementarität zwischen Teilchen und Welle vor. Auch wenn sie sich auszuschließen scheinen, ergänzen sich die beiden Verhaltensweisen von Welle und Teilchen gleichwohl. Das Paradoxon* gehört zur Dynamik des Weltalls. Alles ist komplementär. Dualität ist Bestandteil eines Ganzen und verleiht ihm Dynamik und Eleganz.

Albert Einstein* machte die geniale Entdeckung, daß Materie und Energie austauschbar sind. Materie kann Energie werden, und Energie kann sich zur Materie verdichten. Der deutsch-schweizerisch-amerikanische Physiker brachte das Ganze auf die extrem einfache Formel: $E = mc^2$ (Energie [E] ist gleich der Masse [m] im Quadrat der Lichtgeschwindigkeit [c]).

Komplexe Einheit aus Leib und Seele

Auch Leib und Seele sind nicht zwei nebeneinander bestehende Größen des Menschen. Sie sind zwei Dimensionen des einen, komplexen Menschen. Infolgedessen wäre es besser, wir sprächen fortan nicht mehr von Leib und Seele, sondern vom Mann als Leib und vom Mann als Seele bzw. von der Frau als Leib und von der Frau als Seele.

Jeder Mensch ist rundum Mann als Leib bzw. Frau als Leib, insofern er, insofern sie sich nach außen manifestiert. Das heißt: daß er, daß sie innerhalb eines ökologischen Systems lebt, im greifbaren Territorium* einer Rasse, eines Landes, einer Verwandtschaft, eines Berufes; daß er, daß sie essen und trinken, sich bekleiden und ein Dach über dem Kopf haben muß und nicht ohne Liebe auskommt; daß er, daß sie in Raum und Zeit angesiedelt ist und erfahren muß, daß die Lebenskraft schwindet, bis sie langsam und am Ende völlig erlischt im Tod. Im Blick auf unsere Metapher* entspricht die Dimension ›Leib‹ in uns der Dimension ›Huhn‹.

Zugleich sind wir alle auch voll und ganz Mann als Seele bzw. Frau als Seele, insofern wir auch eine Innenseite haben. Mit anderen Worten, insofern wir den Widerhall der Dinge ins uns wahrnehmen; insofern wir erfahren und nicht bloß wissen, sondern auch fühlen, daß wir mit dem Kosmos im Sinne eines dynamischen Ganzen in Verbindung stehen; insofern wir uns in der Grenzenlosigkeit von Wünschen, Gefühlen, von Liebe und Denken bewegen; insofern wir alle Grenzen von Raum und Zeit überspringen (kraft des Geistes wohnen wir auf den Sternen und tragen das All in uns) und insofern wir in innerer Beziehung mit dem höchsten Wesen stehen, mit Gott.

In der Bildlichkeit unserer Geschichte findet die Dimension ›Seele‹ in uns ihre Entsprechung in der Dimension ›Adler‹.

Der Mensch ist eine komplexe Einheit aus Leib-und-Seele. Er hat nicht Leib und Seele. Er ist Leib und Seele. Es gehört zur tragischen Seite unserer westlichen Kultur, daß sie Leib und Seele voneinander getrennt hat. Die Aufspaltung zeitigte eine doppelte Wirkung. Einerseits führte sie zu einer materialistischen Kultur, der es lediglich auf den Körper ankommt, verstanden als Objekt ohne Tiefe (Seele). Wir sind im Reich der Sinne und des Genießens gelandet. Der Mensch gebraucht die Dinge zu seinen Nutzen. Das ist die Herrschaft des Huhns.

Andererseits begünstigte die Spaltung das Aufkommen einer spiritualistischen Kultur, die nur noch den Geist sieht. Alles dreht sich um subjektive Erfahrung, losgelöst von der Materie, erhaben über Dichte und Gewichte schwebend. Der Geist ist zur Geisel seiner Ideen, Projektionen und Theorien geworden, abgehoben von den üblichen, alltäglichen Kämpfen der Sterblichen. Das ist die Herrschaft des Adlers.

›Gallinismus‹[10]* und ›Aquilismus‹[11]*, Materialismus und Spiritualismus, Positivismus und Utopismus sind die Kinder eines solch entarteten westlichen Menschenbildes. Anstatt die Komplexität der einen menschlichen Wirklichkeit zum Ausdruck zu bringen, verkürzen und spalten diese Denkkatego-

10 ›Gallinismus‹ vom lateinischen *gallina* = das Huhn.
11 ›Aquilismus‹ vom lateinischen *aquila* = der Adler.

80

rien das, was zusammengehört und größer ist. Sie führen zu falschen Trennungen und sich ausschließenden Gegensätzen: das Huhn hier und der Adler dort. Und was noch schwerwiegender ist: Die beiden liegen im Krieg gegeneinander. Die Komplexität und das Beziehungsspiel aller Dinge untereinander und miteinander sind aus dem Blick geraten. Die Materie wird nicht mehr vergeistigt, und der Geist wird nicht mehr verkörperlicht.

Da ist zum Beispiel Emanuel. Wir können und müssen ihn in seiner konkreten Komplexität betrachten: Brasilianer, Weißer, Realschulabschluß, verheiratet, Taxifahrer, Anhänger des Fußballclubs ›Fluminense‹, katholisch. Er wohnt in einem der bescheidenen Vororte von Rio de Janeiro und hängt sehr an dem tropischen Regenwald, der sich gleich an sein Viertel auf den nahegelegenen Bergen anschließt. Mehr oder weniger regelmäßig durchstreift er mit seinen Freunden den Wald. Dann sammeln sie die Blechdosen, die überall herumliegen, und umarmen die Bäume, wie man es auch von Chinesen kennt. Noch tausend andere konkrete Einzelheiten seiner Lebens- und Verhaltensweise könnten wir nennen. Immer aber betrachten wir Emanuel in seiner Dimension als Huhn, wie er definiert und eingegrenzt ist durch eine konkrete, komplexe Wirklichkeit.

Indes, Emanuel ist nicht nur dies. Emanuel ist

eine unerschöpfliche Quelle schlummernder Möglichkeiten: Er kann eine andere Staatsangehörigkeit erwerben, kann sich scheiden lassen, kann Lastwagenfahrer werden, in das Lager des anderen großen Fußballclubs in Rio de Janeiro, ›Flamengo‹, überwechseln oder zum Candomblé konvertieren. Und – wer weiß? – vielleicht kann dank glücklicher Umstände sogar ein Schauspieler aus ihm werden, ein beachtlicher Porträtmaler, ein überzeugender Stegreifdichter. Er kann aber auch auf die schiefe Bahn geraten, kann zum Banditen, zum Bankräuber oder zum Mörder von Straßenkindern werden. Schließlich kann er in eine religiöse Krise geraten, sich zum Zenbuddhismus bekehren und Mönch werden oder sonst ein spiritueller Lehrer oder auch ein Heiliger. Alles das macht die virtuelle Realität des Emanuel aus. Das ist Emanuel in seiner Dimension als Adler.

Die erste Dimension, die des Huhns, begründet den Positivismus; die zweite, die des Adlers, den Idealismus. Falsch wäre es, bei Emanuel auseinanderzunehmen, was doch zusammen da ist: die erhebbare, konkrete, greifbare Dimension: das Huhn – und die Dimension des Möglichen, des Virtuellen und des Utopischen an ihm: den Adler.

Wir dürfen den realexistierenden Emanuel nicht spalten. Emanuel ist das alles zusammen und in einem: Huhn und Adler. Betrachteten wir ihn nur aus einem Blickwinkel, täten wir ihm Unrecht. Denn

entweder begrüßen wir ihn in seinem konkreten So-
sein, ließen ihn nicht die Enge des Hühnerstalls
sprengen und verurteilten ihn zum ewigen Huhn-
sein. Oder wir ließen ihn im Schaufenster der Möglichkeiten und Verheißungen, verwehrten ihm die
Bedingungen, das Angebot auch Wirklichkeit werden zu lassen, und nähmen ihm die Dimension als
Huhn.

Das Faktische und das Virtuelle bestehen immer
gleichzeitig. Das Virtuelle gehört zum Realen, zu
seiner positiven Seite. Das Reale ist das im Rahmen
unseres Raumes und unserer Zeit verwirklichte, vor-
weggenommene und Geschichte gewordene Virtuelle. Es haftet ihm also stets etwas Begrenztes und
Territorialisiertes* an.

Was hier zur Dimension Leib-Seele gesagt wurde,
läßt sich auch zu den anderen oben genannten Paaren oder Dualitäten sagen.

Komplexe Einheit aus Glauben und Religion

Dieselbe Dialektik herrscht auch zwischen Religion
und Glauben. Religion ist konkret. Religion hat
Credo, Moral, Theologie, männliche und weibliche
Heilige, Hierarchie, sakrale Gebäude, Feste, Riten
und Feiern. Deshalb darf man zum Beispiel die ka-
tholische Messe in der Öffentlichkeit nicht feiern,
wie es einem gerade beliebt, ohne sich um den offi-
ziellen Ritus zu scheren. Das ist die Dimension des

Huhnes. Aber es gibt auch den Glauben, das heißt die lebendige Begegnung mit Gott. Hier gelten keine Normen. Wörter verstummen. Bilder schwinden. Feiern verblassen, angesichts der überwältigenden Größe Gottes. In Anbetracht des höchsten Anderen und der ewigen Liebe verändert der Mensch sein Bewußtsein. Er betritt den Raum der Mystik. Alles wird numinos* und atmet göttliche Energie. Der Mensch läßt die Welt zurück, ehrfürchtig und schweigend gibt er sich dem Geheimnis hin. Oder er sucht einen unmittelbaren Dialog mit dem Höchsten. Wörter und Begriffe, die möglicherweise fallen, bekommen sinnbildliche, metaphorische Bedeutung. Auf dem Boden dieser Erfahrung wächst die Kreativität der großen geistlichen Meister. Hier rühren wir an die Dimension des Adlers.

Hinter jeder institutionalisierten Religion verbirgt sich die spirituelle Erfahrung des Menschen, der die letzte Wirklichkeit erlebt hat. Ich nenne nur Buddha* und Mose*, Jesus und Mohammed*, Rumi* und Franz von Assisi*, Meister Eckhart* und Johannes vom Kreuz*, Theresa von Ávila* und Ghandi*, Thomas Merton* und Simone Weil*, Dom Hélder Câmara und Mutter Theresa in Kalkutta* sowie Bischof Oscar Arnulfo Romero*, der im mittelamerikanischen El Salvador – am Altar stehend – erschossen wurde. Aber es gibt noch viel mehr.

Aufgabe der Religion ist es nun, dem Menschen zu helfen, daß er in sein jeweiliges Geheimnis eintauchen und Gott begegnen kann, dem Mutterschoß unendlicher Geborgenheit und nie endenden Friedens.

Religion stellt die Dimension des Huhnes, der Glaube die des Adlers dar. Beide leben zusammen, und gemeinsam müssen sie sich in den Dienst an Gott und an dem Menschen stellen.

Komplexe Einheit zwischen Ethik und Moral

Auch Ethik und Moral bilden eine Dualität voller Spannung. Vielleicht beleuchtet die Etymologie der beiden Wörter etwas die Komplexität des Begriffspaares.

Das griechische Wort *ethos,* von dem sich Ethik ja herleitet, heißt Ge-wohn-heit und erinnert damit offenbar an die menschliche Wohnung. Der Mensch sondert sich aus der Welt einen Teil aus und gestaltet ihn nach seinem Geschmack, um sich so eine Bleibe, eine schützende Unterkunft zu schaffen. Ethik, verstanden als menschliche Wohnung, ist nicht ein für allemal fertig. Ethik bezeichnet mithin alles, was uns hilft, unser Umfeld so zu verbessern, daß es uns ein gesundes Zuhause bietet: materiell stabil, psychologisch integriert und geistig-geistlich ausgereift.

In der Ethik gibt es Bleibendes und Veränderliches. Das Bleibende ist das Bedürfnis des Menschen, ein Dach über dem Kopf zu haben: eine Indianerhütte, ein Landhaus oder ein Appartement in der Stadt. Alle diese Behausungen haben mit Ethik zu tun, weil sie allesamt dem Menschen einen bleibenden Unterschlupf bieten.

Das Variable daran ist der Stil, wie sich die verschiedenen Gruppen ihre Unterkunft bauen. Da gibt es verschiedenste Möglichkeiten: mal im Landhaus- oder Kolonialstil, mal modern oder postmodern, mal aus Stroh oder aus Stein ... Mag der Stil noch so vielfältig sein, immer steht er im Dienst am Bleibenden: daß der Mensch ein Haus habe. Ob Iglu oder Wohnsilo, das Haus muß bewohnbar sein.

Wenn sich das Bleibende und das Veränderliche verbinden, kommt es zu einer wirklich menschlichen Ethik.

Moral kommt vom lateinischen *mos/moris*, das soviel wie Sitte, Überlieferung, Tradition heißt. Sobald die Menschen eine Art und Weise, sich das Haus einzurichten, für gut halten, so daß sie sich insgesamt, und zwar für längere Zeit, darauf beziehen, entstehen so etwas wie Tradition und architektonischer Stil. Bezogen auf die Ebene menschlicher Verhaltensformen, entsteht ein Modell von Moral.

In diesem Sinn hat es Moral mit den besonderen Sitten und Traditionen der verschiedenen Völker zu tun und hängt zusammen mit dem je spezifischen

Wertesystem einer Kultur oder eines geistigen Weges.

So ist Moral ihrem Wesen nach immer plural. Es gibt viele Moralkodizes, wie es viele Kulturen und viele Baustile gibt. Die Moral der Yanomami-Indianer, die um ihr Überleben kämpfen, ist anders als die der Goldschürfer, die in deren Gebiet eindringen. Genauer hingesehen, lassen sich innerhalb ein und derselben Kultur je nach Gruppe noch einmal spezifische Moralvorschriften erkennen: Unternehmer, denen es ja um Gewinn geht, haben eine andere Moral als Arbeiter, die für besseren Lohn kämpfen. Hier haben wir es mit einer Klassenmoral zu tun. Aber es gibt auch Moralvorstellungen je nach Beruf. Ärzte, Anwälte, Kaufleute, Psychoanalytiker, Priester, Müllwerker und viele andere Berufe haben ihre je eigene Moral. Gleichwohl müssen alle diese Moralmuster im Dienst an der Ethik stehen. Sie müssen dazu beitragen, daß die menschliche Wohnung und die Gesellschaft insgesamt, aber auch das gemeinsame Haus, der Planet Erde, bewohnbar werden.

Manche Moralsysteme bleiben über Jahrhunderte hin unverändert. Die betreffende Bevölkerung bzw. der besagte Kulturraum lebt damit wie eh und je und reproduziert sein Modell von Moral immer wieder. So gilt zum Beispiel unter Arabern die Polygamie, in westlichen Kreisen hingegen die Einehe.

So stellt eine konkrete Moral per definitionem stets ein geschlossenes System dar.

Wie hängen Ethik und Moral zusammen? Unsere Antwort ist einfach: Die Ethik macht sich die Moral zu eigen. Das heißt: Die Ethik bedient sich eines geschlossenen Systems geltender Werte und Verhaltensnormen. Sie achtet die Tatsache, daß jeder Mensch zur Verwirklichung seines Lebens zwangsläufig Wurzeln braucht, soll er mit seinem Leben nicht in den Wolken hängen.

Allerdings darf eines nicht übersehen werden: Die Verwurzelung muß offen bleiben. Geschichtliche Veränderungen, Verschiebungen in Mentalität und Sensibilität und neue Herausforderungen aufgrund von sozialen Umbrüchen müssen fortlaufend bedacht werden. Sie sind insofern eine Herausforderung, als sie das Haus nicht unbewohnbar machen dürfen, sondern es immer menschlicher, angemessener und gesünder gestalten müssen. Die Ethik geht auf Änderungen und Neuansätze ein, die diesem Ziel dienen. Eine Moral, die sich solchen Transformationen verschließt, wird zum Fossil und verkommt zum Moralismus.

Ethik holt Moral aus Verkrustung. Ethik bewahrt Moral davor, sich in sich selbst zu verschließen. Ethik zwingt Moral zur ständigen Erneuerung, in dem Sinn, daß sie Bewohnbarkeit und Zukunftsfähigkeit* der menschlichen – das heißt persönli-

chen, sozialen und planetarischen – Bleibe gewähr-
leistet.

Zusammenfassend können wir sagen: Moral stellt
ein Gefüge von immer wiederkehrenden, überlieferten und anerkannten *Handlungen* dar, während
Ethik die Verkörperung von *Haltungen* ist, die über
die Handlungen hinausgeht. Eine Handlung oder
eine Tat ist stets etwas Konkretes, in sich Geschlossenes. Eine Haltung dagegen ist immer offen für das
Leben mit seinen unzähligen Möglichkeiten. Ethik
gibt uns den Mut, veraltete Elemente dieser oder
jener Moral dranzugeben. Sie ermächtigt uns zu der
Kühnheit, uns verantwortlich auf neue Verhaltensweisen einzustellen und neue Werte zu vertreten,
nicht als Modewelle, sondern als Dienst an der
menschlichen Wohnung.

Es ist nicht damit getan, bloß moralisch zu sein
und an überlieferten Werten zu hängen. Wer sich so
gebärdet, ist Moralist und Traditionalist und bleibt
in seinem jeweiligen Wertesystem gefangen. Hinzu
kommen muß Ethik. Als ethische Menschen müssen wir uns offenhalten auch für Werte, welche über
das Geländer des traditionellen Systems oder einer
bestimmten Kultur hinausgehen. Wir müssen aufge-
schlossen sein auch für die Werte, welche alle Menschen betreffen, soll denn das gemeinsame Haus,
unser blau-weißer, strahlender Planet erhalten bleiben. Es geht um Werte wie Achtung vor der Würde

des Körpers, Schutz des Lebens in all seinen Formen, Wahrheitsliebe und Mitleid mit allen, die leiden und schutzlos dastehen. Werte wie Kampf gegen Korruption, Gewalt und Krieg. Werte, die uns sensibel machen für das Neue, das da im Anbrechen ist, mit Verantwortung, Ernst und Gespür dafür, ob etwas zeitgemäß ist oder nicht.

Manche Leute wollen aus ihren alten Häusern nicht heraus, pflegen sie aber auch nicht und passen sie nicht den neuen Bedürfnissen an. Solche Häuser hören dann auf zu sein, was sie sein sollten: gemütlich, schutzbietend, funktional: Eine Moral ohne Ethik. Ethik dagegen lädt dazu ein, das Haus zu renovieren, damit es den Menschen wieder eine nützliche, warme Wohnung bietet. Von dem griechischen Philosophen Heraklit* stammt der Satz: »Ethik ist der Schutzengel des Menschen.«

Gestützt auf eine solche ethische *Haltung,* begleiten moralische *Handlungen* die Dynamik des Lebens. Unter der Leitung und unter dem Primat von Ethik muß sich Moral unablässig erneuern. Aufgabe der Ethik ist es, den Menschen eine Wohnung zu garantieren, in der man – welchen Stil sie auch haben mag – wirklich leben kann.

›Schule von Athen‹ von Raffael und der Magier im Tarot: zwei Lebensphilosophien

Zum Abschluß dieser Überlegungen betrachten wir ein berühmtes Bild, das der italienische Renaissancekünstler Raffael* 1510 gemalt hat: ›Schule von Athen‹. Raffael stellt dort zwei für das abendländische Denken entscheidende Gestalten dar: Plato* und Aristoteles*. Plato und Aristoteles sind nicht nur zwei der größten Denker überhaupt, sondern auch die Verkörperung zweier Seinsweisen oder zweier Lebensphilosophien: des Realismus und des Idealismus, des Adlers und des Huhns.

Plato zeigt mit einer Hand in die Höhe, zum Ideal, zum Himmel. In der anderen Hand hält er sein Buch ›Timaios‹, in dem er den Vorrang der Ideen über die sinnlich wahrnehmbare Welt darstellt. Plato ist der Mensch der idealen Welt, des vollkommenen Wesens eines jeden Seins, der Utopie, der großen Träume, der unbegrenzten Offenheit des Menschen. Plato steht für den Adler.

Aristoteles dagegen zeigt nach unten, auf die empirische Wirklichkeit, auf die Erde. In der Hand trägt er sein Buch ›Ethik‹. Darin beschreibt er die Prinzipien, anhand deren der Mensch sein Handeln auf das Glück ausrichten kann. Aristoteles ist ein Mann des Realismus, der gangbaren Projekte, des klar definierten Weges, der konkreten Praxis. In unserer Bildwelt wäre Aristoteles das Huhn.

Gut, daß es beide gibt. Nur wer Plato und Aristoteles, Himmel und Erde, Adler und Huhn integriert, vermag mit beiden Beinen durchs Leben zu gehen. Das eine fest auf der Erde und das andere angehoben, nur so geht es vorwärts, in die richtige Richtung.

Viele Menschen lassen sich heute von alternativen Formen des Wissens ansprechen, wie sie seit Jahrhunderten unter anderem in der Astrologie, im Tarot*-Kartenspiel oder im chinesischen Wahrsagebuch Yi-jing* anklingen. Auch darin kommt das Streben nach einem dynamischen Ausgleich der beiden Dimensionen zum Ausdruck. Nehmen wir zum Beispiel im Tarot-Kartenspiel den Magier, die höchste Karte. Der Magier steht mit beiden Beinen fest auf dem Gipfel eines Berges. Eine Hand weist zum Himmel, die andere zur Erde. Auf seinem Hut ist eine liegende Acht zu erkennen, in der Mathematik Sinnbild für Unendlich. Seine Kleidung ist bunt, zur einen Hälfte von einer Farbe und zur anderen von einer anderen. Auf einem Tisch liegen die Werkzeuge, die der Magier braucht: Zauberstab, Kelch, Schwert mit Kreuz als Knauf, eine Münze. Unter dem Tisch wächst eine Blume, welche die Energie von Leben und Weltall bedeuten soll.

Der Magier ist ein Bild für die menschliche Existenz, eingespannt zwischen Himmel und Erde, zwischen Endlichem und Unendlichem, zwischen Materiellem und Geistigem. Er stellt die Herausforderung dar, nach einem Mittelpunkt zu suchen, in dem beide Teile eine Chance haben und zu einer dynamischen Einheit finden können. Das ist der Grund, weshalb die höchste Karte im Tarot der Magier mit den entsprechenden Kräften ist, so daß er innerhalb eines organischen Ganzen die Teile alchimistisch* zu verändern vermag: das Materielle mit seinem Gewicht und seiner Dichte zum einen und das Geistige mit seiner Leichtigkeit und seinem Sinn zum anderen. Und auch hier erkennen wir wieder Adler und Huhn – auf der Suche nach einem Zentrum, das dem menschlichen Leben zugleich Dynamik, Konkretion und Transparenz verleiht.

Geschlossene und offene Systeme

Schließlich noch ein Wort zu einer anderen Grundstruktur, die in allen Phänomenen, vor allem aber in den lebenden, anzutreffen ist: daß sie geschlossen und zugleich offen sind.

Wir hatten bereits gesagt, daß alles eingespannt ist in Energie- und Beziehungssysteme. System bedeutet dabei ein strukturiertes Ganzes aus Interretro-Relationen, die sich zu einer organischen Einheit zusammenfügen. Es ist mehr als die Summe seiner Teile. Es ist ein dynamisches System, das immer ins Gleichgewicht will und sich ständig selbst reguliert. Jedes System weist die beiden Seiten auf: Einerseits ist es geschlossen, andererseits offen.

Es ist geschlossen, weil es eine dichte, dauerhafte Wirklichkeit darstellt, mit einer relativen Autonomie und einer inneren Logik, dank deren es sich selbst organisiert und selbst reguliert.

Und es ist offen, weil es sich nach außerhalb seiner selbst dimensioniert. Es besteht aus einem Netz von Beziehungen mit anderen Größen wie auch mit der Umgebung. Es gibt und empfängt. Im Horizont einer gewaltigen ökologischen, erdweiten und kosmischen Solidarität tauscht es unentwegt Informationen aus. Alles steht mit allem in Verbindung. Wir rühren hier an die Dimension des Adlers.

Ob das kleinste aller Elementarteilchen, das Topquark, ob das tausend weitere Milchstraßen umfassende galaktische Konglomerat Jungfrau, ob der mutterseelenallein auf seiner Insel lebende Robinson* Crusoe, ob ein Einzelgänger in einer Millionenstadt, alle sind sie in ein Netz eingebunden, das heißt, sie sind füreinander, miteinander und durcheinander verbunden. Alle zusammen bilden sie das unermeßliche Netz der einen Erde und des einen Kosmos. Dieses ist *offen*, weil es sich im Prozeß der Kosmogenese*, in Expansion und Evolution (Adler) befindet. Und *geschlossen* ist es, insofern es aus relativ autonomen Himmelskörpern besteht, wie Sternen und Planeten, unserer Sonne und unserer Erde – mitsamt all ihren Völkern und Religionen, Kulturen und Einzelmenschen in ihrer jeweiligen Geschichte (Huhn).

Die große Herausforderung: Adler und Huhn zusammenbringen

Die Frage ist nur: Wie bringen wir es fertig, daß Adler und Huhn in jedem und in jeder von uns einträchtig zusammenleben? Der Mittelweg, den es zu suchen gilt, kann nur der sein, daß wir jedem der beiden das ihm entsprechende Gewicht beimessen. Aber Vorsicht! Keines darf vom anderen getrennt werden. Immer beide zusammen! Nur so gelangen wir zu dem Archteypen* von Synthese und dynamischer Einheit, nach dem sich das Herz des Menschen ja so sehr sehnt.

Wehe uns! – sollten wir uns damit zufriedengeben, nur Hühner zu sein, oder damit einverstanden erklären, daß andere uns lediglich als Hühner gelten lassen, eingesperrt in unsere kleine Welt aus bescheidenen Interessen und moderaten Wünschen und eingerahmt von einem Horizont, der nicht weiter reicht als der nächste Zaun. Von dem portugiesischen Dichter Fernando Pessoa* stammt der Satz: »Ich bin von der Größe dessen, was ich sehe, und nicht von der Größe, die ich messe.« Aber wir sind auch Hühner, greifbare, in der Geschichte verhaftete Wesen. Nur dürfen wir darüber nie unsere grenzenlose Offenheit, unsere unbezwingbare Leidenschaft, unser unersättliches Streben nach Glück vergessen: unsere Dimension als Adler.

Wehe uns! – für den Fall, daß wir ausschließlich Adler sein, uns in die Lüfte erheben, Wetter und Sturm trotzen und als Horizont nichts als die Sonne und die unendliche Weite des Alls kennen wollen. Verhungern würden wir. Mögen Adler noch so weit und noch so hoch fliegen, immer wieder müssen sie auf die Erde herab, um sich zu ernähren, ein Kaninchen jagen, ein Faultier erlegen oder sonst ein Tier schlagen. Natürlich sind wir Adler. Nur dürfen wir dabei nicht aus dem Auge verlieren, daß wir unsere Wurzeln in einer konkreten Geschichte haben, in einer unaustauschbaren Biographie mit ihren Grenzen und Widersprüchen. Auch die Dimension des Huhns trägt uns.

Huhn und Adler gilt es zu sein: Realist und Utopist, verhaftet im Konkreten und offen für noch nicht erprobte Möglichkeiten, auf dem Weg durch das Tal, den Blick aber den Bergen zugewandt. Schon im Altertum wußte man um die Weisheit: Wer nicht nach dem Unmöglichen trachtet (Adler), wird nie das Mögliche erreichen (Huhn).

Stunde und Chance des Adlers

Es gibt Stunden, in denen wir gut daran tun, den Adler in uns fliegen zu lassen, um Beziehungen zu knüpfen und die Synthese herzustellen. Aber es gibt auch Stunden, in denen wir uns an das Huhn halten sollten.

Doch was entscheidet darüber, ob das Huhn oder der Adler in uns den Ton angibt? Mit Sicherheit nicht irgendeine Anwandlung, die man gerade hat, oder die Willkür eines Augenblicks.

Von seinem Wesen her hat jeder Mensch eine Grundstruktur, die sich bei dem einen eher als Adler, bei dem anderen eher als Huhn erweist. Deshalb muß jeder Mensch auch um seine innere Natur wissen, um den Adler, der sich in ihm meldet, bzw. um das Huhn, das sich in ihm verbirgt. Sobald er das eine bzw. das andere wahrgenommen hat, muß er der Vernunft in sich Raum geben, damit er die Dinge klar sieht, aber auch dem Herzen, damit er ganzheitlich entscheidet. Nur so hat er die Chance, eines Tages die Zusage dynamischer Ausgeglichenheit verwirklicht zu sehen.

In einem zweiten Schritt kommt es dann darauf an, die Herausforderungen zu erkennen, die sich von der Wirklichkeit her stellen und die keinen Menschen aus der Pflicht entlassen. Sie erfordern Optionen und Entscheidungen, stellen Weichen und prägen Biographien. Für den Fall jedoch, daß sich jemand vor der Wirklichkeit drückt, wird er bzw. wird sie sowohl der Zeit als auch sich selbst untreu. Ja, er bzw. sie vertut die Chance, sich einen fruchtbaren Mittelpunkt zu schaffen, in dem sich die beiden Wahrnehmungen treffen, die der äußeren und die der inneren Natur.

Und was ist gegenwärtig die größte Herausforderung, die die Menschheit und der Planet an uns richten? Was ist der Appell, den wir auf keinen Fall überhören dürfen? Adler und Huhn, was ist das wichtigste von beiden? Keinen Augenblick zaudern wir zu antworten: der Adler! Und noch einmal wagen wir zu sagen: der Adler!

Die Gründe für unsere Antwort sind zwingend: Raffiniert, wie sie sind, haben es die Monopolinhaber von Haben, Wissen und Macht gegenwärtig darauf angelegt, uns zu biederen Hühnern verkümmern zu lassen. Wir sollen nicht aus den engen Grenzen des Hühnerverschlags heraus! Wir sollen uns ihren Interessen beugen! Sie sind es, die die Hauptverantwortung tragen für die drohenden Verwüstungen und für die sich abzeichnende Selbstzerstörung von Erde und Menschheit. Um der Vorrechte nicht verlustig zu gehen, die sie sich angemaßt haben, verstopfen sie sich die Ohren gegenüber dem Schrei von Millionen und Abermillionen Leidender in aller Welt ebenso wie gegenüber dem

Stöhnen der gequälten Erde. Sie schrecken nicht davor zurück, den Adler in uns zu ersticken – weil es ja dieser Adler ist, der uns immer wieder die Kraft gibt, zu schreien, zu protestieren, zu widerstehen und nach Wegen der Befreiung zu suchen.

Das also ist die große Herausforderung: den Adler zu retten! All das Heilige zu erhalten, das der Adler für das Schicksal von uns Menschen bedeutet, daß wir in den offenen Raum zu fliegen vermögen!

Wir weigern uns, allein bei der Dimension des Huhnes zu bleiben, das heißt uns denen zu fügen, die uns unter ihre Fuchtel und Kontrolle bringen wollen. Bequemlichkeit, Anpassung und Pragmatismus* sind nicht unsere Sache, weil sie Formen von Flucht vor den Herausforderungen des Augenblicks sind. Weit weisen wir den vermeintlichen geschichtlichen Realismus* derer von uns, die nichts anderes tun, als das Zivilisationsparadigma der Unterwerfung zu reproduzieren, und damit dem größten, Verarmung und Ausschluß preisgegebenen Teil der Menschheit nichts als Leid und Tränen bringen. Denn der angebliche geschichtliche Realismus verlängert und verschärft nur die gegenwärtige Krise. Und dabei käme es doch gerade darauf an, der Krise mit Alternativen entgegenzutreten, die den Menschen und der Erde Anlaß zur Hoffnung auf Leben und Zukunftsfähigkeit* geben.

Hinter dem dramatischen Szenarium steckt die

unersättliche Gier dieses Paradigmas, alles, was die Zukunft unseres Planeten Erde hinterfragen könnte, in seine Raster und unter seine Kontrolle zu bekommen.

Dabei steht unsere Erde in der Gefahr eines ökologischen Infarktes globalen Ausmaßes. Sollte dieser eintreten, würden wir zu spüren bekommen, was die Dinosaurier schon vor 67 Millionen Jahren zu spüren bekommen haben: Verwüstung und Untergang!

Dies ist die Stunde und die Chance des Adlers. Wir müssen ihn nur aufwecken. In den Geistern und Herzen vieler rührt er sich schon. Aber nicht nur das: Er durchweht auch die Geschichte und nistet tief im Kern eines jeden Menschen.

Ein Adler fliegt nie allein. Sein ganzes Leben verbringt er zu zweit, paarweise. Ein Meister des geistlichen Lebens hat einmal gesagt: »Als Adler ist der Mensch wie ein Engel, der aus seiner Engelwelt fiel. Im Fallen verlor er einen Flügel. Mit nur einem Flügel ist nichts mehr mit Fliegen. Um wieder fliegen zu können, muß er sich einen anderen Engel halten, der auch gefallen ist und dem auch ein Flügel fehlt. In ihrem Unglück zeigen sich die gefallenen Engel solidarisch. Es geht ihnen auf, daß sie sich gegenseitig helfen können. Nur indem sie zusammenstehen und sich umschlingen, können sie – mit dem einen Flügel des einen und mit dem anderen Flügel des anderen – wieder fliegen. So hoch sie wollen und so weit sie der Wunsch trägt.«

Ohne Solidarität, ohne Mitleiden und ohne Synergie* bekommt niemand die Flügel des verletzten Adlers in sich wieder. Ein Schwacher plus ein Schwacher sind nicht zwei Schwache, sondern ein Starker. Einheit macht stark.

Ein Flügel plus ein Flügel sind nicht zwei Flügel, sondern ein Adler, ein ganzer Adler. Und dieser kann fliegen, Höhe gewinnen, seine Unversehrtheit wiedererlangen und der Befreiung entgegenstreben.

Den Adler in uns befreien!

Der haggadische Midrasch* vom Adler und vom Huhn und unsere sich daran anschließenden Überlegungen werfen Fragen auf, die es unbedingt zu klären gilt. Zu jeder Zeit haben sich Menschen mit derlei Fragen beschäftigt und werden sich wohl auch zukünftig damit beschäftigen.

Warum fiel das Adlerjunge aus seinem Nest und verletzte sich dabei? Warum mußte es sich mit einem Leben als Huhn zufriedengeben? Frage also: Warum sind wir Menschen so instabil und fallen immer wieder?

Für den Adler war es eine Gnade, einem guten Samariter begegnet zu sein, der ihm half, daß sich seine Sinne wieder erholten und daß er selbst wieder ganz gesund wurde. Welche Rolle spielen also Solidarität, Mitleiden und Synergie*, wenn sich der Mensch ganz entwickeln will?

Ohne einen Impuls von außen wäre das Adlerhuhn nie wach geworden, und es hätte nie das innere Feuer seiner Identität wieder glühen sehen. Was bedeutet dann aber Bewußtwerdung für den Prozeß der Individuation*?

Daß der Adler mit einemmal seine Identität wieder spürte, hatte er der Sonne zu verdanken. Frage also: Was bedeuten in diesem Zusammenhang der Aufgang der Sonne und die Erfahrung des Numinosen* für den Menschen?

Nachdem der Adler wieder ganz Adler geworden war, flog er so hoch, daß er im Blau des Himmels aufging. Und wieder unsere Frage: Was schwebt dem Menschen als Ziel vor? Und was sucht er denn überhaupt mit seinem ganzen rastlosen Streben?

Helden und Heldinnen ihrer eigenen Sagen

Die Geschichte vom Adler und vom Huhn erinnert daran, daß jeder Mensch einen Prozeß der Personwerdung durchmacht. Wir bekommen unsere Existenz nicht fertig in den Schoß gelegt. Unsere Existenz ist eine fortschreitende Aufgabe. Durch alle Kulturen hindurch gibt es die Vorstellung, daß der Mensch – ob Mann, ob Frau – auf dem Weg, auf Reisen, auf einer abenteuerlichen Suche nach seinem eigenen Selbst ist.

Wie auf jeder Reise, so lauern auch hier Gefahren: Unverständnis seitens der Angehörigen, Verrat durch die Freunde, Mißerfolg im Beruf, Pech in der Liebe. Aber es gibt auch positive Seiten: neue Freundschaften, sich anbahnende Liebe, ermutigende Glückserfahrung, langsames Reifen und allmähliches Aufblühen von Lebensweisheit.

Wer reist, kommt zwangsläufig an Kreuzungen. Wo geht es weiter? Wie wir uns entscheiden, das hängt davon ab, welche Werte und welche großen Träume wir haben. Aus unseren Entscheidungen spricht, was wir innen drin sind: ob Helden und Heldinnen, die nicht davor zurückschrecken, sich auch selbst zu opfern, oder unentschlossene, feige Opfer unserer eigenen Unterlassung.

Wenn wir zur Erlangung unserer Ideale Hindernisse überwinden und die dazu notwendigen Veränderungen einfädeln wollen, müssen wir uns einen Ruck geben und zum Helden bzw. zur Heldin vor uns selbst werden, das heißt zum Heroen unserer eigenen Sage*. Allerdings hat ›Held‹ hier wenig zu tun mit den traditionellen Bildern, nach denen wir Heroen ausschließlich mit Kriegen, Schlachten und mutigen Großtaten in Verbindung bringen. Und noch weniger dürfen wir dabei an Stars aus Taschenbuchromanen und Fernsehserien denken. Held oder Heldin ist für uns jeder Mensch, der sich dem Leben stellt, wie und was es ist: Chaos und Kosmos, Ordnung und Unordnung, Erfolg und Mißerfolg und – nicht zu vergessen – ein inneres Loch, so groß, daß Gott es nur selbst geschaufelt haben kann.

›Held‹ bzw. ›Heldin‹ ist darüber hinaus ein Archetyp* für das kollektive Unbewußte, das in uns allen steckt und dessen Wirkung sich niemand entziehen kann. In der Psychoanalyse sind Archetypen große Symbole, Paradigmen oder Verhaltensmuster, die sich seit dem ersten Dämmern des Geistes in unserem persönlichen wie kollektiven Unbewußten eingenistet haben. Sie bestimmen, wie wir erlebte, aber auch erspürte Realitäten erfahren.

Archetypen sind immer ambivalent, positiv und negativ, voller Emotion und Faszination. So kommt es, daß manche Fachleute in ihnen so etwas wie Götter und Göttinnen, innere Führer und Führerinnen sehen. In unserem Inneren melden sie sich zu Wort in der Gestalt von Träumen, Phantasien und mentalen Vorstellungen, außerhalb unserer selbst in der Form von Mythen, mündlichen Überlieferungen und symbolischen Ausdrucksformen in Kunst und Literatur und vor allem in den Religionen.

Auf die Archetypen hören heißt: die Stimme seines Inneren ernst nehmen und Raum für sie schaffen, daß sie sich bekunden kann. Sie zwingt uns, mit den Widersprüchen und Übertreibungen der Archetypen kritisch und wachsam umzugehen, können diese doch mitunter so gewaltig über uns kommen, daß sie uns bisweilen sogar niederschmettern.

Was am Ende zählt, sind nicht die Dinge, die uns passieren, sondern ist, wie wir darauf reagieren. In der Art und Weise, wie wir reagieren, bricht nämlich die mitreißende Kraft der Archetypen hervor. Entscheidend dabei sind die Gefühle, Werte und Visionen, die wir uns erarbeitet haben in Auseinandersetzung mit den angenehmen und unangenehmen Abenteuern des Lebens, ebenso wie die Frage, ob wir daran wachsen. Der Archetyp des Helden hilft uns, Helden und Heldinnen unseres eigenen Weges und Lebens zu werden.

Auf diesem Weg überschreitet der konkrete Held, die konkrete Heldin die Grenzen der eigenen Biographie. Er oder sie machen eine universale Erfahrung, die ihn bzw. sie an alle übrigen Männer und Frauen rück-bindet. Sie erfahren nämlich universalgültige Visionen, Symbole und Werte, die sowohl aus dem Innersten des Lebensgeheimnisses selbst als auch aus den tiefsten Wünschen der Menschen emporsteigen.

Zu ihrer vollen Individuation* durchlaufen Held und Heldin verschiedene Etappen. Diese sind so etwas wie existentielle Achsen, um die sich das Rad des Lebens dreht und durch die es sich definiert. Gemeint sind menschliche Situationen, ja Herausforderungskonstellationen, durch die wir lernen, Erfahrungen machen, Perspektiven integrieren, reifen und vielleicht sogar weise werden.

Im folgenden seien, in der gebotenen Kürze, sechs dieser existentiellen Situationen beschrieben, welche den Archetypen des Helden bzw. der Heldin greifbar werden lassen. Unser Adler ist durch alle sechs gegangen.

Jeder Mensch kommt einmal in die Lage existentieller Verlassenheit. Wir alle haben einmal das Gefühl des Verlustes. Egal, ob uns ein geliebter Mensch verloren geht, eine Beziehung zerbricht, das Haus abbrennt oder die Arbeitsstelle wegrationalisiert wird. Immer sehnen wir uns nach einer Hand, die uns aufrichtet, oder nach einer Schulter, an die wir uns vertrauensvoll lehnen können.

Das ist die Situation des Adlers, der auf die Erde gefallen ist und sich dabei verletzt hat. Nur ein vielleicht des Weges kommender Samariter kann da noch helfen. Doch viele, die vorbeikommen, sehen das Opfer, zeigen ihm jedoch die kalte Schulter und gehen weiter. Haben sie denn nicht schon genug mit den eigenen Sorgen? Ist es da nicht wichtiger, die eigenen Sachen in Ordnung zu bringen, als sich um jemanden zu kümmern, der irgendwo hilflos am Wege liegt? Aber es gibt auch andere. Die vergessen sich und ihre Verpflichtungen; sie lassen sich von Mitleid rühren. Sie versetzen sich in die Lage des anderen, spüren seine Hilflosigkeit und solidarisieren sich mit ihm. Sie retten den verletzt daliegenden Adler.

In jeder Situation des Verlassenseins stecken eine Versuchung und eine Chance. Die Versuchung besteht darin, sich dem Hilfsbedürftigen zu entziehen oder die Schuld für das Unglück bei Eltern, Geschwistern oder sonst welchen Leuten abzuladen. Andere erwarten die Lösung von der Politik, vom Staat, von der Lotterie, von den Mitmenschen oder vom lieben Gott. Doch hinter solch einem Reden verbergen sich nur Verweigerung, fehlende Initiative und Flucht vor der Verantwortung.

Aber es besteht auch die Chance, daß sich der Mensch der Herausforderung der Hilflosigkeit stellt und an ihr wächst. In diesem Fall gilt es zunächst, das Problem zu entdramatisieren, gehört es doch zur Begrenztheit des menschlichen Lebens dazu. Weder sind wir allmächtig, noch haben wir uns selbst das Leben geschenkt. Unserer Existenz nach sind wir arme Schlucker. Wir hängen objektiv von anderen ab. Aber die Befindlichkeit des Abhängigseins braucht uns nicht zu demütigen, weil sie ja ein Charakteristikum aller Wesen des Weltalls ist. Allesamt sind wir ja eingewoben in ein Netz von Interretro-Relationen. Diese Tatsache ohne Bitterkeit anzuerkennen ist ein Gebot des Realismus.

Andererseits machen uns unsere wesensgemäße Armut und Interdependenz offen für universale Solidarität. Da wir nun einmal aufeinander angewiesen sind, helfen wir uns auch gegenseitig, das Leben kollektiv zu gestalten. Anstatt die Schuld für unsere Hilflosigkeit bei anderen zu suchen und erst gar nicht den Kampf dagegen aufzunehmen, nehmen wir eine positive Haltung dazu ein, engagieren uns und stellen uns der Auseinandersetzung.

Aus diesem Grund sollten wir Gott nicht darum bitten, uns das Gefühl der Verlassenheit zu ersparen. Wir sollten zu Gott beten, daß er uns die Kraft gibt, uns ihm zu stellen. In der Auseinandersetzung damit erwächst die Gestalt des Helden – fähig, die Situation zu *ertragen*, *Widerstand* zu leisten und *Mut* zu entfalten.

Wie kommt man aus der Hilflosigkeit heraus? Was für Strategien gibt es weiterzumachen? In der Beantwortung dieser Fragen enthüllt sich uns der zweite Archetyp* des Helden bzw. der Heldin: der *Reisende* oder der *Wallfahrer*.

Nur Schritt für Schritt finden wir im Laufe des Lebens zu unserer Art, zu unserem Platz in der Gesellschaft, zu unserem Beruf und zu unseren kurz- und langfristigen Zielen. Doch so oder so geht es darum, die eigenen Möglichkeiten zu entfalten. Sonst kommen wir nie dahin, selbständig unseren Weg zu gehen, und belasten immer nur die anderen. Aber dazu braucht es Zeit, Geduld und Selbstvertrauen. Der verletzte Adler mußte ja auch warten, bis alle seine Sinne allmählich wiederhergestellt waren. Recht hat er, der Liedermacher, wenn er singt: »Wanderer, einen Weg gibt es im voraus nicht. Erst dem Wandernden erschließt er sich, der Weg.«

Leben heißt kämpfen. Deshalb tun wir gut daran, uns an die Inspiration des Dichters zu halten: »Leben ist Kampf. Die Schwachen ringt es nieder. Die Starken und Tapf'ren nur will es erhöhen.« Und so stoßen wir auf die dritte Gestalt, in die sich Held und Heldin kleiden: auf den *Kämpfer*. Wer kämpft, verteidigt sich. Er oder sie geht gegen die Hindernisse an, die ihm oder ihr den Weg der Verwirklichung versperren. Er oder sie scheut keine Mühe, Leben und Welt nach den eigenen Vorstellungen und Träumen zu gestalten. Was Wert hat, ist nur mit Einsatz und Anstrengung zu haben.

Um seine Identität wiederzuerlangen, mußte sich der Adler selbst überwinden: seine anfängliche Angst besiegen, die Augen in Richtung Sonne aufsperren, die geöffneten Schwingen ausprobieren und den Flug in die Höhe wagen. Eine kämpferische Heldin und ein kämpferischer Held wissen, wie viel Kampf sie Menschenwürde und selbständiges, gerechtes, volles Leben im Laufe der Geschichte gekostet haben.

Jeder Kampf fordert Hingabe, Verzicht und Opfer zugunsten der anderen. Ohne das kann aus Träumen nichts werden. Und schon zeigt sich uns der vierte Archetyp[*] des Helden bzw. der Heldin: der *Märtyrer*. Dem Märtyrer und der Märtyrerin geht es nicht um den Schmerz um des Schmerzes willen. Das wäre Selbstquälerei. So heißt es in der Legende des heiligen Martin von Tours aus dem 4. Jahrhundert: »Weder fürchtete er den Tod, noch war er des Lebens überdrüssig.« Der Märtyrer nimmt Schmerz und Leid und gegebenenfalls Verfolgung und Tod hin als Preis für Anliegen und Güter, für die es sich lohnt, das Leben einzusetzen. So zu leiden ist eine würdige Sache. Märtyrerinnen und Märtyrer, zu denen unter Umständen wir alle gehören können, glauben an die Logik des Samenkorns: Ein Samenkorn, das von der Finsternis der Erde nichts wissen will und dem Tod nicht ins Auge schaut, wird weder leben noch Frucht bringen. Wer das Leben festhalten will, wird es verlieren. Wer es wagt, es zu verlieren, wird es vielfach angereichert zurückbekommen. Indem wir sterben, leben wir also mehr. Indem wir das irdische Leben darangeben, bekommen wir himmlisches Leben geschenkt.

Der fünfte Archetyp des Helden und der Heldin ist der *weise* Mensch: ›Weise‹ kommt von ›wissen‹, womit wiederum ›Witz‹ verwandt ist. Es geht also um ein in besonderer Weise qualifiziertes Wissen. Wissen hat ›Witz‹, wenn es aus Erfahrung resultiert und aus der leidvollen Beobachtung des Auf und Ab, des Hin und Her des Lebens erwächst. Weise schauen hinter das äußere Erscheinungsbild. Von Fassaden lassen sich weise Menschen nichts vormachen. Illusionen sind Weisen fremd. Weise haben ein sicheres Gespür. Sie erkennen den inneren Kern der Dinge und gewahren die eigentliche Wahrheit, die sich indes nur den Achtsamen eröffnet. Wahrheit besteht jedoch nicht in korrekten Sätzen, sondern in Visionen, die das Herz mit dem Wunsch und den Wunsch mit der Wirklichkeit in Einklang bringen. Nur wer sich der Wirklichkeit öffnet und volle Sympathie dafür hat, kommt an die Wahrheit heran. Daraus folgt: In Wahrheit erkennt nur, wer liebt und mit der Wirklichkeit eins wird.

Der oder die Weise lernt es, die Dinge von der Warte des Absoluten her zu betrachten. Die Dinge so zu sehen, macht einen frei von begrifflichen Verhärtungen und bewahrt einen vor der Verführung durch Ideologien. Weisen Menschen gelingt es, in allen Wegen Pfeile zu erkennen, die auf das höchste Ziel verweisen. In der Vielzahl der Re-ligionen[12] zum Beispiel spüren sie die Rück-bindung aller Dinge an alles wie auch an die Quelle, aus der alle Wesen entspringen. Dank dieser Haltung strahlt der Weise Würde und Ernst aus. Er weckt Vertrauen. In denen, die sich in seiner Umgebung befinden, entfacht er das innere Feuer einer heiligen Begeisterung für Wahrheit, Transparenz und Entäußerung.

Die Figur des Weisen führt uns zur letzten Gestalt, in der sich der Archetyp* des Helden bzw. der Heldin zum Ausdruck bringt: zum *Magier*. Wir hatten uns ja bereits mit dem Magier im Tarot*-Karten-

12 Re-ligion = Rück-bindung.

spiel beschäftigt. Dabei haben wir gesehen, daß der Magier in Verbindung steht mit den geheimen Kräften des Universums, daß er aus der gängigen Welt eine magische Welt macht, daß er Unglücksfälle in Lernorte der Weisheit verwandelt und daß er ein in tausend Scherben zerbrochenes Bild wieder ganz macht.

Magier sind imstande, alles zu einem letztgültigen Ganzen zu fügen, ohne daß irgend etwas übrigbliebe. Sie spielen Sym-phonien, in denen sämtliche Dis-phonien aufgehoben sind. Sie versetzen uns in einen Bewußtseinszustand, in dem wir kraft eines Mittelpunktes voller Ausstrahlung und Liebe alle Dinge zu einer Einheit zu integrieren vermögen. Sie erweitern die Dimensionen unseres bewußten Ichs in Richtung auf unser Tiefen-Ich. Vom Ufer unseres Tiefen-Ichs aus lassen sie uns dann eintauchen in jenen göttlichen Ozean, der in uns wohnt: in Gott. Was uns Magier letztlich zu sagen haben, lautet: Wir sind *eins* mit Gott. Die geliebte Seele sieht sich »verwandelt in den Geliebten«.

Im Laufe der Entwicklung, in der der Adler seine Identität wiederfand und realisierte, erlebte er alle diese Stationen des Weges. So ist er eine umfassende Verwirklichung des Archetyps* *Held*. Er hält Leiden aus, ist auf dem Weg, weiß zu kämpfen, schrickt vor dem Märtyrertod nicht zurück, strahlt Weisheit aus und erweist sich schließlich als Magier.

Am Ende seines Weges gelangt er bis in den Himmel und findet dort Heim und Heimat seiner Identität.

Paradies und Sündenfall passieren heute

So erfolgreich Held und Heldin auch sein mögen, oft genug sind sie bedroht: vom Fall, von der Verletzung und gegebenenfalls sogar vom Tod. Held und Heldin sind, was sie sind, und zwar gerade deshalb, weil sie mit ihren Gegenrealitäten umzugehen lernen. Sie integrieren sie und überwinden sie mithin in schöpferischer Weise.

Im folgenden möchten wir die Möglichkeit des Falls, ja die Tatsache des Falls selbst ein wenig eingehender betrachten. Die Geschichte des Adlers legt uns die Frage nahe. Also: Warum fallen wir? Und warum kosten Wiederherstellung und Verwirklichung unseres Seins so viel Leiden?

Wer Kosmos, Erde und Mensch aus einer umfassenden Perspektive betrachtet, dem fällt es vergleichsweise leicht, etwas Licht in die schwierige Frage zu bringen. An einer Tatsache – von der Forschung mittlerweile als gesichert erhärtet – gibt es keinen Zweifel: Das Weltall befindet sich in Expansion und Evolution. In Evolution befindet es sich, weil es auf dem Weg ist von einfacheren zu komple-

xeren Formen und aus Stadien des Chaos (Unordnung) in Richtung auf Stadien des Kosmos (Ordnung).

Der evolutionäre Prozeß setzt ein vervollkomm-
nungsfähiges, offenes und noch nicht fertiges All
voraus. Was die Dinge wirklich sind, sind sie gegenwärtig noch nicht hundertprozentig. Ihr eigentli-
ches Sein verwirklichen sie erst in dem Maße, in
dem der Prozeß fortschreitet. Erst am Ende der Geschichte von Kosmos und Mensch und nicht bereits
an ihrem Anfang gelten die Worte der Schrift*:
»Und Gott sah, daß alles gut war.« Bis dahin sind
die Dinge noch nicht hundertprozentig gut, sondern können immer noch besser werden. Oder anders gesagt: Aus weniger guten Zuständen entwickeln sie sich in Richtung auf bessere Zustände.

Die Abfolge Ordnung – Unordnung – Inter-aktion
– neue Ordnung ist das augenfälligste Charakteristikum der lebenden Wesen. In einem lebendigen
Organismus lösen sich Teile auf, andere regenerieren
sich, und wieder andere werden neugeboren.

Bis zur Ebene des Menschen bot diese Situation
keine größeren Schwierigkeiten. Diese entstanden
indes, als das menschliche Bewußtsein auf den Plan
trat. Dabei ist das menschliche Bewußtsein dadurch
gekennzeichnet, daß es sich ein Bild vom Gesamt
der Wirklichkeit zu machen imstande ist, wie auch
dadurch, daß – wie wir bereits im vorigen Kapitel sa-

hen – in ihm der Wunsch nach dem Unendlichen wohnt.

Das Bewußtsein vermag Ziel und Ende des Evolutionsprozesses zu erahnen. In Träumen und Phantasiegebilden sieht es die Vollendung und die volle Verwirklichung der in der Schöpfung schlummernden Möglichkeiten voraus. Es malt sich aus, wie der Mensch in den unauslotbaren Ozean des Seins eintauchen wird. Ja, es ist imstande, die Zeit und den laufenden Prozeß zu überspringen und sich auf den letzten Höhepunkt der Evolution versetzt zu sehen.

Doch ist gerade diese Fähigkeit des Bewußtseins die Quelle eines Dramas: Wie läßt sich die Vollkommenheit des Endes in Einklang bringen mit den Unzulänglichkeiten der Gegenwart? Und warum müssen wir überhaupt so viel Geduld aufbringen, um den ach so langen Weg zur letzten Vollkommenheit hinter uns zu bringen?

Das Drama verschärft sich noch, wenn man sich der Tatsache der Entropie*, des Energieverlustes, des natürlichen Älterwerdens und der Unausweichlichkeit des Todes stellt. Auch ein sonnenverklärter Tag neigt sich dem Dunkel der Nacht zu. Auch das lächelnde Grün des Frühlings gleitet unmerklich ins strahlende Rot des Sommers, ins warme Braun des Herbstes und ins kalte Grau des Winters über. Welches Lebewesen, das je geboren wurde, wüchse und reifte nicht, alterte und stürbe nicht am Ende? Keine Kraft kann den unerbittlichen Lauf der Dinge aufhalten.

Angesichts der fünfzehn Milliarden Jahre, die das All mittlerweile alt ist, und der dreieinhalb Milliarden Jahre, die es inzwischen lebende Wesen gibt, spüren wir, daß der Tod nicht das letzte Wort sein kann. Der Tod stellt ein Moment der Veränderung innerhalb eines längeren Prozesses dar, einen alchimistischen* Übergang von einer niederen in eine höhere, komplexere Phase. Der Tod verneint nicht das Leben. Der Tod ist eine intelligente Erfindung des Lebens, mittels deren sich diese eine umfassendere Rückbindung an das Gesamt des Universums ermöglichen will.

Aber es gibt nicht nur den direkten Tod. Wir machen auch die Erfahrung, daß es bergab gehen kann. Vielleicht hatten wir ein sorgenfreies, sicheres, ruhiges Leben. Was immer der Grund gewesen sein mag, wir gerieten in eine Krise, die Dinge fingen an zu wanken und entglitten uns. Mit einemmal rutschten wir ganz tief hinab. Wir mußten die schmerzliche Erfahrung machen, gefallen und aus dem Paradies vertrieben zu sein. Die Erfahrung von Fall und Verlust durchzieht unser ganzes Leben. Alles persönliche wie kollektive Leben besteht aus Höhen und Tiefen, aus Aufstiegen und Abstürzen.

Im dritten Kapitel des Buches Genesis* wird geschildert, wie Adam und mit ihm Eva fallen, wie die

Menschheit als Mann und als Frau fällt – und infolgedessen aus dem irdischen Paradies vertrieben wird. Die Geschichte ist paradigmatisch für die menschliche Existenz. Doch was da im Buch Genesis erzählt wird, ist keine Episode in der grauen Vergangenheit der Menschheit, sondern ereignet sich hier und heute. Jede Minute fallen wir aus unseren hehren Idealen in die brutalste Wirklichkeit. Jeden Augenblick fühlen wir uns verbannt und fehl am Platz in dieser Welt, weil es hier offenbar nicht ausreichend Raum gibt für unsere tiefsten Wünsche nach Liebe, Freiheit, Verständnis, Mitleid und Frieden.

Indessen: Wir sind frei. Die Freiheit ist uns geschenkt, damit wir das Leben gestalten und das Schicksal bezwingen. Dank der Freiheit können wir die Paradoxie* zwischen Paradies und Fall, zwischen Adler und Huhn, zwischen Leben und Tod sowohl akzeptieren als auch uns dagegen auflehnen. Wir können den Fall akzeptieren als Chance, uns selbst zu überwinden, ein Held bzw. eine Heldin zu werden und dadurch zu wachsen. Umgekehrt können wir es mit Jammern bewandt sein lassen, die Flinte ins Korn werfen und uns in uns selbst einigeln.

Vermöge der Freiheit sind wir imstande, den Tod heiter willkommen zu heißen, uns aber auch der Illusion hinzugeben, vor ihm Reißaus nehmen zu können. Sei's drum! Der Tod ist souverän. So oder so kommt er, überkommt uns, unfehlbar, und zwar nicht erst am Ende des Lebens, schon am ersten Tag des Lebens nistet er sich bei uns ein. Ganz allmählich sterben wir, Minute für Minute, in Raten, bis der Prozeß des Sterbens eines Tages an sein Ende kommt.

Dem Leben in der Weise den Vorrang geben, daß man von Sterblichkeit nichts wissen will, heißt dem Tod plump in die Arme fallen. Wer sich indes dem Tod heiter und gelassen stellt, weil er ja zum Leben dazugehört, der oder die setzt das Leben in der Tat an die erste Stelle, hat unbeschreibliche Freiheit, lebt mehr und lebt besser und steht zu einem qualitativ neuen Leben auf.

Die Geschichte des jungen Adlers, der aus dem Nest gefallen war und sich dabei gefährlich verletzt hatte, erinnert uns an den Menschen in gefallenem Zustand. Immer drohen wir aus dem Paradies zu fallen, in dem wir uns befinden. Die Situation des Gefallenseins jedoch weckt in uns den bleibenden Wunsch danach, den früheren Zustand wiederzuerlangen und uns befreien zu können.

Die regenerierende Kraft bedingungsloser Liebe

Gott sei Dank wurde dem jungen Adler von seiten eines namenlosen Ziegenhüters Hilfe zuteil. Ähn-

122

lich dem barmherzigen Samariter, blieb dieser stehen. Die Arbeit lief ihm ja nicht weg. Das zerzauste Nest war in diesem Augenblick wichtiger. Das scheinbar tote Adlerjunge weckte sein Mitleid, und er nahm es vorsichtig mit nach Hause. Aber auch der Vogelausstopfer ließ es nicht an Mitgefühl fehlen, als er merkte, daß das Kleine ja gar nicht tot war. Wie hätte er auch ein noch lebendiges Adlerjunges opfern können? Also beschloß er, es behutsam und liebevoll zu behandeln.

Mit ihrem Verhalten geben der eine wie der andere die Grundenergie zu erahnen, die das ganze Universum bewegt: bedingungslose Liebe.

Bedingungslose Liebe ist jene Liebe, die – wie das Wort schon sagt – keine Bedingung kennt, um praktiziert zu werden. Da gelten weder Verwandtschaft noch Rasse, weder Religion noch Ideologie, weder Arbeit noch sonst was. Liebe um nichts als um der Liebe willen. Unbedingte Liebe gibt sich der universalen Energie hin, die ihrerseits Beziehungen schafft, Verbindungen knüpft und Gemeinschaft stiftet. Sie geht auf die anderen zu und ruht sich bei ihnen aus, wie jeder und jede einzelne nun mal sind. Auf Lohn oder Kompensation verschwendet sie keinen Gedanken.

Bedingungslose Liebe trägt mütterliche Züge. Sie hat Mitleid mit allen, die gescheitert sind. Sie sucht, was sich verloren hat. Sie erbarmt sich derer, die gesündigt haben. Nicht einmal ihre Feinde läßt sie draußen vor der Tür. Alles integriert, alles umarmt und alles liebt sie selbstlos.

Bedingungslose Liebe ist eine ausgesprochen therapeutische Sache. Wer sie erfährt, fühlt sich gestärkt, weil er, weil sie ja jetzt Begleitung hat und im Fallen aufgefangen wird, so daß er bzw. sie nicht vollends stürzt und die Folgen des Sturzes auch wieder geheilt werden können. Wer könnte unbedingter Liebe widerstehen? Dank ihrer wird alles wieder gut. Bedingungslose Liebe öffnet Gräber und verwandelt Sterben in Auferstehen.

Unbedingte Liebe setzt einen gewaltigen Prozeß der Befreiung in Bewegung, zunächst der Befreiung *von* jedweder Art von Entbehrung, Unterdrückung und Einschränkung. Sie stellt das System des Lebens in seinen Inter-retro-Relationen wieder her. Das ist auch der Grund, weshalb der Adler – dank der unbedingten Liebe des Vogelpräparators – seine Sinne wiederbekam: das Gehör, die Stimme, die Flügel, die Bewegungen, das Augenlicht und schließlich das Vermögen zu fliegen.

Bedingungslose, befreiende Liebe ist der Motor jener Dynamik, welche das ganze Weltall ebenso wie jeden einzelnen Menschen durchweht. Im Universum existieren und leben die Wesen durch-, mit-, in- und füreinander. Nichts und niemand befinden sich außerhalb dieser alles umgreifenden Beziehung. Fundamentaler als das Prinzip, daß der Stärkere überlebt (Darwin), ist der Grundsatz, daß alle alle solidarisch lieben (Bohr). Solidarische Liebe schafft die große kosmische, erdenweite und menschheitsumfassende Gemeinschaft. Sie ist die Mutter des Prinzips von Reziprozität und Komplementarität. Der eine hilft dem anderen wechselseitig, zu existieren und sich zu entwickeln. Alle vervollständigen sich gegenseitig und wachsen gemeinsam: die Arten und die Ökosysteme, ja das ganze Weltall.

Unbedingte Liebe glaubt an die Möglichkeiten, die latent in jedem Sein stecken. Im Vertrauen darauf, daß auch die eigene Natur ihre Energie zur Regeneration und zur Befreiung *von* ... erweist, verliert sie weder Mut noch Hoffnung. Intuitiv weiß sie, daß da irgendwo immer noch eine Flamme brennt, ein Wort zu hören ist und ein Hoffnungszeichen sich andeutet. Alles, was klingt, und mag es sich noch so schräg anhören, schwingt ein in die gewaltige Sinfonie des Weltalls.

Andererseits offenbart die Tatsache, daß alle Dinge mit allen Dingen verwoben sind, auch, wie bedürftig, zugleich aber auch wie unverhofft reich wir sind. Wir brauchen die anderen – zu unserer Existenz wie zu unserer Befreiung. Von Paulo Freire stammt der Merksatz: »Niemand kann sich alleine befreien, Befreiung ist immer Gemeinschaftsarbeit.« Wir tragen eine Bedürftigkeit mit uns herum, die so grundlegend ist, daß sie uns allesamt gegenseitig zu Bettlern macht. Umgekehrt betrachtet, verfügen wir über einen Reichtum, der so unerschöpflich ist, daß wir uns alle miteinander beschenken können. Wir haben etwas zu geben und mit etwas beizutragen, das nur wir zu bieten vermögen, soll das Ganze denn wachsen.

Wer sich weigert, diesen Beitrag zu leisten, schafft ein Loch, das niemand zu füllen imstande ist, ja, er bzw. sie liefert das All dem Scheitern aus. Auf seinen Missionsreisen um die ganze Welt wiederholte Dom Hélder Câmara, der Prophet der Armen, allenthalben unermüdlich: »Niemand ist so reich, daß er sich nicht beschenken lassen könnte, wie niemand so arm ist, daß er nicht etwas zu geben hätte.«

Bedeutung von Vorbildern

Auch wenn der junge Adler mittlerweile wieder sehen, über alle weiteren Sinne verfügen und sich rundum körperlichen Wohlergehens erfreuen konnte, fehlte ihm dennoch etwas daran, ganz Adler zu sein. Er lebte unter und mit Hühnern. Was blieb ihm da übrig, als selbst Huhn zu werden? Seine unverwechselbare Natur als Adler hatte er in einem Huhn vergraben.

Wo nur hatte er sein Herz, das heißt sein unaufgebbares Wesen als Adler gelassen? Ein Adler kann doch nicht mir nichts dir nichts zum Huhn werden, mag es sich auch um das Außergewöhnlichste aller Federviecher handeln. In einem Adler steckt doch immer ein inneres Feuer, das keine Asche der Welt zu löschen vermag: eben daß er ein Adler ist, mit dem Ruf der Lüfte und der Sonne in den Augen.

Sich *von* etwas zu befreien, damit ist es nicht getan. So hat ein Adler auch frei zu werden *für* etwas: für seine eigene Identität und für die Verwirklichung der in ihm steckenden Möglichkeiten. An diesen Kreuzungspunkten haben nun die spirituellen Meister und Vorbilder ihre Aufgabe. Sie haben die Kraft, den eingeschlafenen Naturkern zu wecken, ihn herauszufordern und zu fördern.

Unser Adlerhuhn fühlte sich eines Tages herausgefordert, als es ein Paar brasilianischer Adler über den Auslauf fliegen sah, in dem es zusammen mit Küken und Hennen den Boden scharrte. In dem Augenblick entzündete sich ein Funke in ihm. Ihm wurde klar, daß es fliegen konnte und fliegen sollte. Es fühlte sich dazu aufgerufen, die Enge des Hühnerstalls zu durchstoßen und in den offenen Himmel davonzufliegen. Eine feine Saite war in ihm angeschlagen. Und diese Saite brachte einen musikalischen Ton hervor, der niemals mehr verstummte, bis eine herrliche Melodie daraus wurde.

Dem Vogelausstopfer blieb das Ganze natürlich nicht verborgen. Sofort spürte er, daß der Adler eine neue Wahrnehmung der Dinge hatte. Sein Freund, der Naturkundler, konnte das alles nur bestätigen. Also startete der Präparator allerlei Experimente, um den inneren Helden, die innere Heldin in seinem Adlerjungen zu stärken. Er flüsterte ihm ins Ohr. Er warf ihn vom Dach seines Hauses. Er brachte ihn auf den höchsten Gipfel des Gebirges. Mit alledem wollte er sozusagen Geburtshelfer sein: damit der Vogel seine wahre Natur als Adler zur Welt bringen konnte.

Das brasilianische Adlerpaar eröffnete dem Adlerhuhn die Möglichkeit, sein Selbst als Adler wiederzufinden: sich *für* seinen Mittelpunkt zu befreien, *für* seinen natürlichen Kern als Adler. Das aber war so etwas wie die große alchimistische* Revolution, die Voraussetzung für jede Erfahrung von Fülle ist.

In dieser Phase sind Lehrer, geistliche Berater und Vorbilder etwas ganz Wichtiges. Denn sie helfen den Menschen, ihre eigene Identität zu erkennen, und zwar nicht nur mit Worten und Begriffen, sondern mit ihrem eigenen Leben und ihrer eigenen Seins- und Verhaltensweise. Diese Menschen, Frauen wie Männer, haben die verschiedenen Gestalten des inneren Helden und der inneren Heldin mittels ihres Lebens Wirklichkeit werden

128

lassen. Ihren Grundarchetyp haben sie in solcher Dichte realisiert, daß sie selbst zu Archetypen* und Symbolen wurden. Als solche sind sie dann ins kollektive Unbewußte eingegangen. Männern und Frauen, die sich auf dem Weg wissen, dienen sie allenthalben als richtungweisende Bezugspunkte. Idealen, die sich zahllose Menschen erträumt und ersehnt haben, haben sie Saft und Kraft gegeben.

Zunächst einmal begegnen sie uns im alltäglichen Leben, in Familie und Gesellschaft. Es sind Väter und Mütter, Großeltern und Geschwister, Lehrer und Lehrerinnen, Kolleginnen und Kollegen in den unterschiedlichsten Berufen. Wir können aber auch an eine nach außen hin namenlose Hausfrau und Mutter denken mit ihrer unermüdlichen, liebevollen Sorge; an einen Tischler, der mit dem Holz umgeht, als wäre dies eine plastische Masse; an einen Maler, der alle Abstufungen des Lichtes genial erfaßt; an einen Rechtsanwalt, der sich von niemandem bestechen läßt; an einen einfühlsamen Künstler, dessen schöpferische Kraft, zugleich aber auch Umsicht ihn berühmt gemacht hat; oder an einen Müllsammler, der sich als Prophet der Ökologie+ erweist, weil er den Abfall der Wiederverwertung zuführt und dadurch das allen gemeinsame Haus vor dem Ersticken im Müll bewahrt. Alle diese Menschen helfen uns, unsere je eigene Berufung wahrzunehmen und die uns wesenseigene Natur zu leben. Darüber hinaus gibt es große Vorbildgestalten auf regionaler und nationaler Ebene, ja sogar im Weltprospekt. Für das kollektive Gewissen und Bewußtsein sind sie geradezu wertvolle Geschenke, welche die Atmosphäre unter den Menschen wohltuend beeinflussen. Sie ermutigen die Zeitgenossen, heilen Wunden und eröffnen neue Möglichkeiten, an die sich bis dato noch niemand gewagt hat.

Wer ließe sich nicht von der Gestalt des Jesus von Nazaret faszinieren? Immerhin führt der Nazarener grenzenlose Liebe zu Gott und Leidenschaft für Gott mit einer speziellen brennenden Leidenschaft zur Befreiung der Armen zu einer einzigen Bewegung zusammen. Universales und Besonderes bringt er auf einen Nenner. So verbindet er Reich Gottes, das heißt die absolute Revolutionierung der Schöpfung, und Einsatz gegen den Hunger der Massen. Was ihn selbst angeht, so hat er die Dimension des Weiblichen integriert. So entwickelt er ein Gespür dafür, daß etwa die Frauen aus der Öffentlichkeit seiner Zeit ausgeschlossen sind. Abzulesen ist das daran, daß er an Höhepunkten seines Lebens stets von Frauen umgeben ist. Beleg dafür sind aber auch die Wunder, zumal die Heilungswunder, durch die er sie *von* physischen Krankheiten befreit, wie er sie – dank ihrem Glauben an Gott – zugleich auch da*für* frei macht, daß sie wieder in die Gesellschaft integriert werden können. Einerseits hart gegen die veräußerlichte Religion der Pharisäer, wie diese an einigen Stellen der Griechischen Bibel[13] geschildert werden, erweist er sich andererseits mitleidsvoll sowohl mit der stadtbekannten Sünderin[14] als auch mit dem Zolleintreiber Zachäus. Er ist so menschlich, daß sich in seinem zugleich mütterlichen wie väterlichen Antlitz – zu unserer Genugtuung – Gott selbst widerspiegelt, der ja in unser aller Fleisch Mensch geworden ist. So wurde der Nazarener zum mächtigsten Archetypen* des Westens, ja heute der Menschheit insgesamt. Jesus ist der Archetyp bedingungsloser Liebe, aber auch der unmittelbaren Nähe Gottes zu den Menschen wie der unbedingten Nähe der Menschen zu Gott.

Oder wer läßt sich nicht anrühren von der Gestalt eines Franz* von Assisi? »Der erste nach dem Einzigen« hat man ihn genannt, wie auch den letzten radikalen Christen. In ihm verbinden sich Zärtlich-

13 Das Bemühen um jüdisch-christliche Ökumene läßt uns den üblicherweise als ›Neues Testament‹ bezeichneten Teil der Bibel ›Griechische Bibel‹ nennen. Der Begriff ›neu‹ legt nämlich die Befürchtung nahe, das Vorhergehende als veraltet, abgegolten und überholt erscheinen zu lassen. Dementsprechend empfiehlt es sich, statt von ›Altem Testament‹ von ›Hebräischer Bibel‹ zu sprechen. Da und dort finden sich inzwischen auch die Begriffe ›Erstes‹ bzw. ›Zweites Testament‹.
14 Feministische Theologinnen weisen darauf hin, daß die stadtbekannte Sünderin von Lukas 7,36–50 in der Tradition völlig ungerechtfertigt mit Maria von Magdala identifiziert wird, nur weil in der Folge der Name Maria Magdalena (Lukas 8,2) begegnet. Dadurch sei Maria von Magdala großes Unrecht geschehen.

keit und Kraft zu einer inspirierenden Einheit. Zärtlichkeit gegenüber allen Dingen, die er als seine
Brüder und Schwestern in die Arme nimmt. Zärtlichkeit gegenüber Klara, seiner Weggefährtin und
Komplizin in der Leidenschaft für die Letzten wie
für Gott. Kraft in seinem persönlichen Vorhaben,
den Wahnsinn des Evangeliums zu leben, möge die
imperiale, reiche Kirche der Fürsten und Päpste davon halten, was sie wolle. Franz von Assisi tritt uns
als einer der kraftvollsten Archetypen der ganzen
Menschheit entgegen. In seinem Leben bringt er
die Dimensionen der physischen, der psychischen
und der geistigen Welt harmonisch in Einklang. So
feiert er die glückliche Vermählung von Mutter und
Schwester Erde mit dem Herrn und Bruder Son-
nenball.

Und heute, wer hätte heute eine stärkere messia-
nische* Ausstrahlung als der Dalai-Lama*? Aus dem
indischen Exil heraus unterstützt er sein tibetisches
Volk im Widerstand gegen die Unterdrückung seitens der Chinesen. Auf allen Foren, die ihm die Welt
wo immer bietet, predigt er den Frieden auf der
Grundlage von Dialog und Zusammenarbeit der
Völker. Mit Wort und Beispiel zeigt er, wie wichtig
Spiritualität und Meditation für die harmonische
Entwicklung der Menschen sind. Allenthalben
weckt er Verständnis für alles, was spirituelle und religiöse Tradition ist – als unterschiedliche, aber des-

halb nicht minder richtige Wege zu ein und demselben göttlichen Geheimnis, zum höchsten Wesen.

Wer fühlt sich nicht zärtlich betroffen, wenn er den Namen des zerbrechlichen und nicht minder starken Mahatma Gandhi* hört? Gandhi verstand es, aus der transparenten Wahrheit eine Macht werden zu lassen, welche die Politik mobilisiert und aktive Gewaltfreiheit zu einer unwiderstehlichen Kraft zur sozialen Veränderung macht. Niemand sonst verstand und lebte die Politik besser als liebevolle Gebärde gegenüber dem Volk. So wurde Mahatma Gandhi zu einem lebendigen Symbol für die Dimension der Sonne im menschlichen Leben, für innere Freiheit und Spiritualität als öffentlich-revolutionäre Dimension.

Was kann jemand sonst an Gefühlen haben, wenn er auf die Gestalt von Mutter Theresa in Kalkutta* trifft? Diese Ordensfrau war ein lebendiges Zeugnis dafür, wie man den auf der Straße Sterbenden mit Mitleid begegnen und ihnen ein menschenwürdiges Sterben ermöglichen kann, geborgen in der Wärme menschlicher Solidarität. Diese Frau konkretisiert den Archteyp* des Erbarmens, der Heiligkeit des Lebens sowie der großen schützenden und tröstenden Mutter.

Einen ganzen Kranz weiterer Referenznamen könnten wir flechten: Edith Stein* und Martin Luther King*, die Geschwister Scholl von der Widerstandsgruppe ›Weiße Rose‹[*] in München und den österreichischen Kriegsdienstverweigerer Franz Jägerstätter[15*], Che Guevara[*] und Rigoberta Menchú[*], den ermordeten Häuptling der Guaraní-Indianer, Marçal, den gleichfalls ermordeten Gummizapfer, und Gewerkschaftsführer Chico Mendes[16*] und viele andere.

Die genannten Bezugspersonen wecken in uns verborgen steckende Möglichkeiten. Sie bewahren uns vor Irrtümern und helfen uns, Fehler zu vermeiden. Sie halten in uns die Hoffnung wach, daß es sich trotz allem lohnt weiterzukämpfen. Sie retten uns davor, daß Mutlosigkeit unser Leben lähmt. Und schließlich halten sie mit dem Öl des Vertrauens, der Solidarität, der Vergebung und des zärtlichen Mitgefühls die heilige Flamme in uns am Brennen. So fehlt es nie an Licht auf unserem Weg. Der Adler, der wir sind, stürzt nie auf ein Mittelmaß ab, sondern schwingt sich immer wieder in die Höhe auf.

Worauf es ankommt, ist, daß wir solche Meister und Meisterinnen in unserer Kultur identifizieren. Wir müssen lernen, sie zu verehren und ihnen zu folgen. Orientiert von dem Licht, das sie ausstrahlen,

---

15 Vgl. Schoenborn, Paul Gerhard, Alphabete der Nachfolge. Märtyrer des politischen Christentums, Wuppertal 1996, 13–46.
16 Vgl. Boff, Leonardo, Unser Haus – die Erde. Den Schrei der Unterdrückten hören, Düsseldorf 1996, 164–168.

brauchen wir uns auf dem Weg zu unserem eigenen Herzen nicht gar so sehr abzumühen.

Aber die Hauptfunktion von Vorbildern besteht darin, uns zu lehren, daß wir uns ständig sorgen um das Sein in all seinen Dimensionen, um das körperliche, das seelische und das geistig-geistliche Sein. Nur so werden wir ganz Mensch. Die herrschende Kultur hat Körper, Seele und Geist auseinandergerissen. Sie hat den Menschen in tausend Teile fragmentiert. Und über jedes dieser Teile hat sie eine Spezialwissenschaft konstruiert.

Nehmen wir etwa den Körper. Da gibt es Fachleute, die nur etwas von den Augen verstehen, nur von den Ohren, nur vom Herzen oder nur vom Gehirn.

Was die Psyche betrifft, fühlen sich Fachleute nur auf dem Gebiet der Psychologie von Kindern kompetent – oder halten sich zuständig ausschließlich für das Seelenleben von Frauen, von Ehepaaren, von Neurotikern oder von Schizophreniekranken.

Hinsichtlich des Geistes gibt es spezielle Religionswissenschaftler oder Spezialisten für Christentum und Buddhismus, Experten für franziskanische Spiritualität, für Candomblé[17] oder für Gebet.

Daß wir Fachleute haben für all diese Wissensgebiete, ist von großem Vorteil. Helfen sie uns doch, mit uralten Herausforderungen, vor denen die

17 Vgl. Anm. 2.

Menschheit bisher stand, fertigzuwerden. Man denke nur daran, daß verschiedene, bis vor kurzem tödlich endende Krankheiten heute geheilt werden können, daß wir Entfernungen inzwischen im Nu zurückzulegen imstande sind und daß bisher notwendige Zeitaufwendungen mittlerweile ganz erheblich verringert werden konnten. Sie zeigen uns, wie vielfältig die menschliche Seele ist, und sie lehren uns, wie verschieden spirituelle Wege sein können.

Dessen unbeschadet verkürzen sie die Dinge gewaltig. Worin besteht denn der Mensch in seiner Gesamtheit? Doch wohl nicht in Unterscheidung und Wechselseitigkeit zwischen Mann und Frau. Doch wohl nicht in den Paradoxien*, wie wir sie soeben besprachen. Alle diese Spezialwissen beeinträchtigen die heilige Erinnerung daran, daß der Mensch eine dynamische Einheit voller Widersprüche ist, die gleichwohl unentwegt offen ist für neue Synthesen.

Da liegt ein Mensch im Krankenhaus. Möglich und vielleicht sogar nicht selten, daß ihm in seiner körperlichen Krankheit da der Besuch der geliebten Enkelin größere Linderung verschafft als irgendwelche Medikamente, die man ihm verschreibt. Oder da widmet sich jemand liebevoll einem Schizoiden und hört ihm und seinem Fabulieren aufmerksam zu; vielleicht ist dem Kranken damit mehr geholfen als mit endlosen therapeutischen Sitzungen. Die Begegnung mit einem spirituellen Menschen, der wirklich unter dem Eindruck der Erfahrung des Heiligen steht, auch wenn sein religiöser Weg ein anderer ist, hilft uns mehr beim eigenen Suchen als noch so viele Frömmigkeitsübungen und noch so tiefe Betrachtung.

Die genannten vorbildlichen Lehrer und Lehrerinnen erinnern uns daran, mit welcher Grundhaltung wir der Gesamtheit des Menschen zu begegnen haben: mit Achtsamkeit. Achtsamkeit ist etwas dermaßen Grundlegendes, daß die alten Griechen sie für eine Gottheit hielten. Diese begleitet den Menschen angeblich längs des ganzen Weges seiner irdischen Wallfahrt. Wo man achtsam ist, da entfaltet sich menschliches Leben, echt menschliches Leben. Wo es jedoch an Achtsamkeit fehlt, da machen sich Gleichgültigkeit, Grobheit und jede Art von Bedrohung für das Leben breit. So führt kein Weg daran vorbei, Achtsamkeit als unerläßliche Vorbedingung für das Leben in jedweder Form zu pflegen.

Achtsamkeit gegenüber dem *Körper*: Bei der Ernährung sollten wir darauf Wert legen, daß wir nicht nur den Hunger totschlagen, sondern Gemeinschaft mit den Elementen pflegen, mit der Luft, die wir atmen, mit dem Wasser, das wir trinken, mit der Kleidung, die wir am Leibe tragen, mit den verschiedenen Formen von Energie, die unsere

Körperlichkeit vital erhalten. Achtsamkeit gegenüber der *Seele,* insbesondere mit den Helden und Heldinnen, mit den Göttern und Göttinnen, die in uns wohnen. Diese machen nämlich die Werte aus, die unserem Leben Orientierung geben, wie auch die sonnenbeschienenen und dunklen Archetypen*, die unseren Weg auf das Gute bzw. auf das Böse abzielen lassen.

Besonders achtsam sollten wir indes mit jener vulkanischen Energie umgehen, welche unsere Seele das eine Mal verwirrt und das andere Mal verwirklicht: mit dem Wunsch. Menschen sind Wunschwesen. Im Wunsch haust eine grenzenlose, unersättliche Dynamik. Uns geht es nicht um dieses oder jenes. Wir wollen alles. Wir wollen das Absolute. Deshalb kommt es darauf an, bei den tausend Dingen, die wir kriegen, nicht das im Dunkel liegende, bleibende Ziel unseres bewußten oder unbewußten Suchens aus dem Auge zu verlieren: das Sein, Gott, den bergenden göttlichen Mutterschoß.

Nicht übersehen dürfen wir die Gefahr, das Sein mit seinen Erscheinungsformen in eins zu setzen. Tun wir es dennoch, bauen wir diese zu Fetischen auf, weil wir uns der Illusion hingeben, sie seien etwas Absolutes, wo sie doch immer nur relativ sind. Damit aber gerät uns das Sein selbst aus dem Blick, das sich uns in jeder seiner Bekundungen gibt, sich aber auch immer wieder zurücknimmt.

Darüber hinaus lehren uns die Meister und Meisterinnen, das Verhältnis zu den Mitmenschen achtsam zu pflegen. Wir kümmern uns um die anderen, weil wir entdecken, daß sie Werte an sich sind, rückgebunden an die Quelle des Seins und bewohnt von Gott selbst, der sie fortwährend als seine Söhne und Töchter zeugt.

Schließlich kommt es auf *Achtsamkeit* gegenüber dem Geist an. Der Geist ist jene Dimension des Bewußtseins, kraft deren sich der Mensch mit dem Ganzen verbunden und an die ursprunggebende Quelle rück-gebunden fühlt. Immer wieder entwirft der Geist Visionen von Ganzheit und Einheit. Den Geist kultivieren heißt sich das Sein angelegen sein lassen und die Gnade beherzigen, daß es in allen Dingen anzutreffen ist. Den Geist pflegen bedeutet ständig ein waches Ohr für die Botschaften zu haben, die uns von überall her zukommen. Die Dinge sind nicht nur Dinge. Sie sind faszinierende Werte. Die Dinge sind Symbole einer anderen Wirklichkeit. Deshalb sprechen und künden sie von diesem höchsten Sein. Doch dieses ist kein menschenverschlingender Abgrund, sondern ein sinnausstrahlender Brennpunkt: Liebe, die alles durchdringt und zum Strahlen bringt, die den Himmel mitsamt allen Sternen bewegt, wie Dante Alighieri* sagt, der größte italienische Dichter und Vater der gegenwärtigen italienischen Sprache.

Ein Aspekt des Geistes ist es, beten und betrachten zu können. Beten und betrachten heißt: das Wort wahrzunehmen, das in allen Wörtern widerhallt, und in allen Verbindungen, die die Dinge des Universums zusammenhalten, das vergessene einigende Band zu erkennen, das alles eins sein läßt, das alles verbindet und rück-bindet und das den Kosmos zum Kosmos und nicht zum Chaos macht. Beten und betrachten heißt: schweigend und unmittelbar vor den zu treten, der der Anfang, die Mitte und das Ende ist, ehrfurchtsvoll sich mit ihm auszutauschen und liebevoll in ihn einzutauchen.

So den Geist zu pflegen – mit anderen Worten: auf Spiritualität Wert zu legen –, gehört zum Wesen des Menschen und ist ein natürlicher Teil des Humanisierungsprozesses, insonderheit in der mündigen Phase des Lebens. Um es ganz deutlich zu sagen: Spiritualität ist ein Grunddatum der Anthropologie und nicht, wie viele meinen, ein Monopol von Religionen und speziellen geistlichen Wegen. Nein: Spiritualität ist die Tiefendimension des Menschen. So ist es erst eine zweite Annäherung, wenn sich institutionelle Religionen und besondere geistig-geistliche Überlieferungen in den verschiedenen Völkern sie sich zu eigen machen. Diese kodifizieren die spirituelle Erfahrung, bringen sie in eine spezifische Sprache und wachen darüber, daß sie in der persönlichen wie kollektiven Erinnerung der

Menschheit nie erlischt. Die Sorge um den Körper, die Therapie der Seele und die Achtsamkeit gegenüber dem Geist zu einer Einheit bringen, darin besteht das Ziel allen Ringens um volles und differenziertes, um widersprüchliches und harmonisches Menschsein. Gerade das haben uns die Meister und Meisterinnen vorgelebt, und gerade dafür sind sie uns bleibende Zeugen.

Der Adler wurde in dem Moment wieder Adler, als er seine Natur wiederfand (Befreiung von …) und potenzierte (Befreiung für …). Doch woher nahm er die Kräfte, in die Höhe des Firmaments zu fliegen?

Mit dieser Frage stoßen wir bis zum Kern des Problems vor. Sie ist der springende Punkt unserer ganzen Betrachtung. Offenbar dreht sich alles um die Realität der Sonne.

Die Sonne beschreibt den Archetyp* der Synthese zwischen Menschlichem und Göttlichem, zwischen Körper, Seele und Geist, zwischen Adler und Huhn. Oder mit einem Wort gesagt: Die Sonne ist der lebendige, ausstrahlende Mittelpunkt des menschlichen Lebens.

Sonne: Erfahrung des Numinosen und des Mittelpunktes

Wir hatten gesehen, wie wichtig die Sonne für die Natur des Adlers ist. Weder der Vogelliebhaber noch der Präparator noch der Naturkundler, so sehr sie auch bemüht gewesen waren, hatten es fertiggebracht, den inneren Kern des Adlers aufzubrechen. Solange die Sonne nicht in seinen Augen und von dorther auch in seinem Herzen wiedergeboren war, blieb er unfähig zu fliegen. Doch sobald die Sonne in ihn eingedrungen war, da fühlte er sich stark. Er öffnete die mächtigen Schwingen, taxierte die Räume und stürzte sich ins Abenteuer des befreienden Fluges.

Was aber bedeutet die Sonne für uns Menschen? Die Sonne ist die Königin unter den Gestirnen unseres planetarischen Systems. Darüber hinaus ist sie aber auch das große, die Kulturen überschreitende Symbol, das alle Fragen nach einer lebendigen Synthese bündelt – wobei sich die Menschen von dieser Synthese Licht, Wärme und Sinngebung für ihr Leben erhoffen.

Die Sonne hat die Funktion eines zentralen Archetyps*. Dieser hat es zu tun mit der Ordnung und der Harmonie aller psychischen Kräfte. Wie die Sonne selbst alle Planeten ihres Systems um sich herum in Umlauf bringt, so läßt der Archetyp Sonne alle Bedeutungen wie Satelliten um sich herum kreisen. Er ist der lebendige, strahlende Mittelpunkt unseres Innenlebens. Und noch einmal in der Mitte des Mittelpunktes befindet sich das Bild Gottes, ja Gott selbst. Die Sonne ist die Vergegenwärtigung par excellence des Numinosen* in uns – dessen, was in den afrobrasilianischen Religionen *Axé** heißt.

Wir alle machen die Erfahrung des Numinosen. Das heißt wir erfahren uns als rundum, total erfaßt. Deshalb wohnt der Erfahrung des Numinosen auch ein enormes Veränderungspotential inne. Wenn sich zwei Menschen verlieben und in Leidenschaft und Liebe zueinander erglühen, dann machen sie die Erfahrung des Numinosen. Oder wenn jemand, der in einer existentiellen Krise steckt, jemandem begegnet, der ihm wirklich ein Licht aufsteckt, dann wird er auch sagen, er habe das Numinose erfahren. Oder da trifft eine Frau bzw. ein Mann hautnah auf einen Menschen voller Charisma und – dank seines prophetischen Wortes, seines mutigen Handelns, seiner feinfühligen und zugleich kraftvollen Persönlichkeit – voller Ausstrahlung; auch hier ist das Numinose nicht fern. Hinter allen Dingen ebenso wie hinter dem Universum insgesamt erfahren Menschen die Gegenwart des Heiligen und des Göttlichen. Die Augen eines Kindes, aber auch das eigene Herz, das sind die Hauptstellen, an denen das Numinose in unser Leben einbricht.

Das Numinose ist kein Ding. Das Numinose ist der Widerhall der Dinge in uns, die, eben weil sie uns anrühren, etwas ganz Kostbares werden. Mit einemmal sind die Dinge Werte und Symbole, die tief im Innern zu uns sprechen. Und da sie Sinnbilder sind, verweisen sie stets über sich hinaus, in eine andere Dimension, auf etwas Unaussprechliches, das unser Bewußtsein gleichwohl deutlich spürt. Etwas Unaussprechliches, das alles trägt und regiert. Die Dinge, die einerseits bleiben, was sie sind, werden andererseits zu symbolischen, sakramentalen Größen. Das ist der Grund, weshalb sie uns sowohl anziehen und faszinieren als auch mit Ehrfurcht und Verehrung erfüllen. Sie erzeugen einen neuen Bewußtseinsstand in uns. Sie weiten die Dimensionen unserer Wahrnehmung und unseres Herzens.

Das Numinose bildet die innere Sonne, den ausstrahlenden Mittelpunkt unserer Existenz. Der Mittelpunkt ist eine Gegebenheit im Gesamt unseres Lebens, die vermöge ihrer selbst da ist. Der Mittelpunkt spricht in uns. Er mahnt uns ebenso, wie er uns bekräftigt. Er ist unser innerer Lehrer, der große alte Weise, der uns allerorten begleitet. Keine Macht kann ihn zunichte machen. Er ist das Beste, das Unnahbarste, das Heiligste, das Unauslotbarste unserer selbst. Er ist unser Geheimnis, das an das Geheimnis der Welt wie an das Geheimnis Gottes rührt.

Aufgrund der Tatsache, daß er ausstrahlt und wärmt, identifizieren wir den Mittelpunkt in uns mit der Sonne. Alle großen Mystiker wissen um die Gegenwart der unsäglichen Sonnenrealität in der Seele. Die heilige Theresa von Ávila*, die große spanische Mystikerin des 16. Jahrhunderts, schreibt: »Die Sonne glänzt fortwährend in der Seele, und nichts vermag ihre Strahlen zu beeinträchtigen«, und: »Die Sonne ist immerzu da, um uns das Sein zu geben.«

Natürlich kann sich der Mensch den Anrufen der Sonne und des Mittelpunktes verschließen. Natürlich kann er sie in Abrede stellen. Nie aber kann er die Sonne auslöschen. Die Sonne ist immer da, immer ist sie das der Seele innewohnende Zentrum. Sie macht die Grundlage aus, auf der die geistig-geistliche Dimension des Menschen ruht. Sie ist die anthropologische Basis der Spiritualität.

Das spirituelle Leben besitzt in uns den Status einer urwüchsigen Energie. Es wohnt in uns mit der Mächtigkeit eines Instinktes, vergleichbar dem Geschlechtstrieb, dem Streben nach Wissen und Macht, dem Drang, Tabus zu brechen und uns selbst zu übertreffen. Wichtig dabei ist: Beim spirituellen Leben geht es nicht um irgendeinen Instinkt unter anderen. Das spirituelle Leben ist ein Grundinstinkt, der alle anderen Triebe regiert.

Noch einmal: Das spirituelle Leben stellt ein objektives anthropologisches Datum dar, das dem Bewußtsein vorausgeht und unabhängig von unserem Willen ist. Dem Menschen eignet von Natur aus ein innerer Kern. Und dieser innere Kern ist bewohnt von einer Sonne und vom Numinosen*.

Lehrer und Lehrerinnen des spirituellen Lebens wie andere Kenner der Tiefen der menschlichen Seele nennen diesen inneren Kern, diese zentrale Sonne, auch *Imago Dei*, das heißt: *Bild Gottes*. Ja, sie sprechen geradezu von der *Göttlichen Gegenwart* in uns. Die Mystiker wagen sich noch einen Schritt weiter vor und sagen, wir trügen Gott in uns. Demnach geht Gott so tief in uns ein, daß er selbst zu unserem tiefsten Kern wird. Wir sind Gott kraft Partizipation.

Wenn dem aber so ist, dann gilt, daß wir Menschen spirituelles Leben nicht erwerben. Uns geht vielmehr auf, daß wir mit unserer ganzen Existenz im spirituellen Leben verwurzelt sind. Allerdings können wir uns ihm immer weiter öffnen. Wohl meint Theresa von Ávila, wir könnten unsere inneren Wohnungen so herrichten, daß sie immer mehr Licht in sich hineinlassen. Aber wir leben schon immer in Gott.

In Gott bewegen wir uns. In Gott sind wir. Zu Gott können wir uns nie auf den Weg machen. Aus Gott kommen wir nie heraus. Gott ist der Raum, in dem wir uns ununterbrochen aufhalten.

Voll Mensch sein heißt: aus dieser spirituellen Wirklichkeit leben; heißt: sie in sich widerhallen lassen, damit man spürt, daß jene Energie in einem wohnt, die Himmel und Erde schafft und die einen fähig macht, zu strahlen und zu fliegen. Sie zeugt einen immerfort. Sie gebiert einen aus ihrem Herzen als Urmutter und Urvater und setzt einen liebevoll in die Welt.

Sich um das Sein zu sorgen wird dann dazu, das Sein zu lieben, in Gemeinschaft mit ihm zu treten, mit ihm eins zu werden. Sich um das Sein zu sorgen beinhaltet das ständige Bemühen, von dem Gott, den wir in den verschiedenen Richtungen von Spiritualität, in den Religionen und in den institutionellen Diskursen über den Sinn der Dinge haben, zu dem Gott zu gelangen, der wir in der radikalen Tiefe unserer selbst sind – dort, wo sich alles trifft, wo sich alles rück-bindet und wo mithin alles eins wird und dennoch verschieden bleibt, wo alles konvergiert und Leben ausstrahlt.

Diese Sonne fühlte der Adler in sich einströmen. Dank der Ausstrahlung und der Wärme dieser Sonne konnte er alle Erinnerungen an die Vergangenheit miteinander rück-binden, und alle Kräfte, die in ihm verschüttet waren, nahm er zusammen. Der Schlüssel zu seiner Vergangenheit, den er verloren hatte, als echter Adler fand er ihn wieder. Ein neuer Bewußtseinszustand wurde in ihm wach. Er flog und flog, immer höher. Er war wieder ein richtiger Adler. Voll und ganz.

Wiederbegegnen
im großen Mutterschoß

Das Ziel des Weges, dem der Adler entgegenstrebte, ist, in den Himmel einzugehen. Also flog er, bis er sich im Blau des Firmaments verlor. Und was ist das letzte Ziel des Menschen? Was seine finale Bestimmung? Ewig mit Dualität und Irrtum behaftet zu bleiben, das kann es doch wohl nicht sein, als gelte es, immerzu in die eine Richtung zu laufen, vorwärts, unentwegt ohne Ende, ohne zu wissen, ob man ankommt und wo man ankommt. Das Ziel des menschlichen Weges ist ein unendlicher Prozeß. Erst wenn wir mit dem Unendlichen eins werden, ist das endlose Vorhaben erreicht. Und dann können wir uns ausruhen.

Der Mensch spürt einen Ruf in sich nach Vereinigung und Gemeinschaft mit allen Dingen. Er will eins werden mit ihnen. Offenbar haben wir eine unbändige Sehnsucht nach der Zeit, in der wir alle zusammen waren, in jenem mathematischen, unvorstellbar winzigen Punkt, vor dem großen Urknall*. Damals waren wir Urenergie, mit gewaltigen Möglichkeiten an Relation und Realisation. Dann kam die Explosion. Alles begann zu expandieren und zu inter-agieren. Infolgedessen entstanden die ersten Urordnungen. Konkret die ersten großen Sterne. In ihrem Schoß bildeten sich im Laufe von Millionen und Abermillionen Jahren sämtliche Teilchen, welche gegenwärtig das Weltall wie auch jeden einzelnen und jede einzelne von uns konstituieren. Eines Tages explodierten aber auch die großen roten Sterne. Die Stoffe, aus denen sie bestanden, verbreiteten sich durch den ganzen kosmischen Raum. So wurden die Milchstraßen und die Sterne der zweiten Größe, die Planeten und Satelliten, geboren; die ersten lebendigen Organismen entwickelten sich in Komplexität und Innerlichkeit, bis sie schließlich in uns Menschen zu Selbstbewußtsein gelangten. So stammen wir Menschen aus dem Herzen der großen Sterne. Unsere Bestimmung ist zu strahlen; tragen wir doch den Urglanz der Sterne in uns.

Die Einheit des Ursprungs ist in uns nie ganz verlorengegangen. Sie lebt fort als kosmische Erinnerung an einen Mutterschoß, der alles bergend umfaßt. Mit diesem Mutterschoß hat es angefangen, und heute meldet er sich in uns im Medium beseligender Sehnsucht. Aber er pulsiert auch am Ende des Weges, und wiederum macht er sich heute bemerkbar, diesmal im Modus unerschütterlicher Hoffnung. Der Mutterschoß des Anfangs ist auch der Mutterschoß des Endes.

Et tunc erit finis – und dann wird das Ende sein. Das Ende wird dann sein, wenn wir in den unauslotbaren Abgrund von Verwirklichung und Seligkeit hinein implodieren und explodieren, das heißt: in

Gott hinein. Dann werden wir eins in dem Einen sein. Dann werden wir konvergieren in der Verschmelzung und uns in der Gemeinschaft dennoch unterscheiden. Die Quelle der Urenergie wird völlig in uns sein – und wir werden in ihr sein. So etwas heißt Panentheismus*.

Natürlich sind wir nicht Gott, im einfachen, direkten Sinn des Wortes. Das wäre Pantheismus*. Der Pantheismus mißachtet die Unterschiede zwischen Geschöpf und Schöpfer. Nein, wir sind in Gott, und Gott ist in uns. Das ist sauberer Pan-en-theismus. Der Panentheismus achtet die Unterschiede sehr wohl. Er fordert, daß sich die Unterschiede gegenseitig durchdringen und einander innewohnen. Wir unterscheiden uns, damit wechselseitige Beziehung möglich ist, damit wir in Gemeinschaft zusammen sein können.

Die Frage stellt sich, ob dies nicht auch der geheime Sinn des Mysteriums der Inkarnation ist, wie sie im Christentum verstanden wird. Wird Gott denn nicht Mensch, damit der Mensch Gott wird? Meister Eckhart*, der größte Mystiker des Christentums überhaupt, regte noch im 14. Jahrhundert an: »Es geht darum, Gott ohne Bilder und Vergleiche zu erkennen. Unmittelbar müssen wir ihn erkennen. Doch wenn ich Gott unmittelbar erkennen will, dann muß ich er werden, und er muß ich werden.«

Die Erfahrung der Mystiker* geht in die Richtung der Identi-*fication*[18] des Menschen mit Gott, das heißt: daß sich Mensch und Gott identisch *machen*. In der Erfahrung aufgehobener Dualität und gegenseitiger Liebe werden Mensch und Gott identi-fiziert.

Von einem muslimischen Mystiker ist das Wort überliefert: »Dein Geist hat sich mit dem meinen vermischt, wie sich der Wein mit dem Wasser verbunden hat. Wenn etwas dich berührt, dann berührt es kraft dieses Geistes auch mich. Du bist ich in allem. Von Trennung keine Spur mehr.«

Vielleicht läßt sich die höchste Wirklichkeit mit einem grenzenlosen Meer, mit einem unendlichen Ozean von Sein, Leben und Liebe vergleichen. Wir sind nur Wellen dieses ozeanischen Meeres. Die Welle ist das Meer, und sie ist es nicht. Sie ist das Meer, weil es ohne Meer keine Welle gäbe. Aber sie ist es auch nicht, weil die Welle eine Erscheinungsform des Meeres unter anderen Erscheinungsformen ist. Das Meer ist immer größer als seine Wellen und seine Erscheinungsformen.

Die Welle ist das ozeanische Meer, insofern dieses sich in ihr manifestiert – insofern dieses sich in einem persönlichen Bewußtsein bekundet. Aber es gibt Wellen, die vergessen, daß sie das sich manifestierende Meer, der sich bekundende Ozean sind.

18 Identi-*fication*: identisch + *facere; facere* = machen, tun.

Sie verstehen sich in und aus sich selbst, autonom, ohne Bezug zu dem ozeanischen Meer.

Andere Wellen wissen, daß sie aus dem Ozean kommen. Sie bringen das Meer zum Ausdruck, kehren dann aber wieder in den Ozean zurück. Diese sind glücklich. Sie leben den Unterschied und das Einssein im Unterschied.

Fazit: Wir müssen unsere Existenz ozeanisieren. Anders formuliert: Wir müssen lebendig die Quelle erfahren, aus der alles entspringt und in die alles mündet. Im Licht der Ursonne haben wir den Weg nach vorn zu gehen – und zurückzukehren in ihren lichterfüllten Schoß.

Das also ist das Ziel allen menschlichen Unterwegsseins: sich selbst zu transzendieren. Einzutauchen in das unauslotbare Geheimnis von Leben, Gemeinschaft und Liebe. Wie der Adler, der ja auch in das grenzenlose Blau des Firmaments eintauchte. Am Ende waren Adler und Huhn, Seele und Herz, Himmel und Erde, Mensch und Gott nichts als eine einzige Wirklichkeit, eins und dennoch unterschieden, komplex und kommunial*.

Der Archetyp
der Synthese von
Adler und Huhn

In unseren Überlegungen ist der Adler mehr als ein Raubvogel. Er stellt einen Archetypen* dar. Jeder Archetyp lebt und ist damit nicht bloß ein Fossil des menschlichen Unbewußten. Ändert sich die Situation, kleidet sich der Archetyp auch in eine neue Gestalt. Genauso steht auch das Huhn für einen Archetypen, für einen anderen Archetypen. Das Huhn bringt Aspekte zum Ausdruck, die mit denen des Adlers in Widerspruch stehen, sie zugleich aber ergänzen. Adler und Huhn versinnbildlichen das Gesamt der menschlichen Existenz.

Adler und Huhn als Archetypen

Das Huhn übersetzt die menschliche Situation in ihrer Alltäglichkeit und Privatsphäre, in ihren häuslichen Obliegenheiten und konkreten Gewohnheiten, in ihren kulturellen Überlieferungen sowie in ihrer Unausweichlichkeit, was Grenzen und Schatten angeht, die das Leben nun einmal auch prägen, mit einem Wort: in ihrer Immanenz. Der Adler hingegen verweist innerhalb derselben Existenz auf die schöpferische Gestaltungskraft, auf die Fähigkeit, Barrieren aufzubrechen, auf die Träume und auf das Licht, kurz: auf die Transzendenz. Beide ergänzen sich. Beide sprechen von der Dynamik des Menschseins, bodenständig das eine und unentwegt offen das andere Mal.

Beim Zustandekommen der Synthesen, welche sich auf die Existenz in ihrer Gesamtheit beziehen, spielen Archetypen* eine große Rolle. Bodenhaftung und Offenheit, Licht und Schatten, Himmel und Erde, Männlich und Weiblich müssen sich im Menschen zu einer Einheit verbinden. Der eine wie der andere Hunger, die beide den Menschen quälen, wollen gestillt sein: der Hunger nach Brot und der Hunger nach Spiritualität. Persönliche, gesellschaftliche und kosmische Dimensionen wollen sich unbedingt vermählen. Widrigenfalls endet der Mensch in Schmerz, Zerrissenheit und Verlust des Mittelpunktes.

Auf der Suche nach der Synthese: Transparenz

Immanenz und Transzendenz, wie läßt sich das beides zusammenbringen? Adler und Huhn, beide Symbole für existentielle Situationen, wie läßt sich das eine mit dem anderen zu einer einzigen Gedankenbewegung verknüpfen? Zur Beantwortung der

Frage werfen wir noch einmal einen Blick in das V. Kapitel, in dem wir von der Dualität sprachen, welche die Triebfeder für die Dynamik sowohl im Leben als auch im Kosmos ist.

Zur Unterstreichung unserer Überlegungen dort empfiehlt es sich, das Ganze nochmals zu verdeutlichen am Beispiel einer der großen spirituellen Überlieferungen des Westens, das heißt am Beispiel des Christentums mitsamt seiner Dimension der Transparenz. Jesus Christus, auf den das Christentum ja zurückgeht, gilt als einer der bedeutsamsten Archetypen* von Synthese und Transparenz.

Christlicher Glaube geht davon aus, Jesus Christus sei zugleich Mensch und Gott. Und zwar ein so radikal menschlicher Mensch, daß seine Jünger und Jüngerinnen daraus folgerten, wer so menschlich sei, könne nur Gott selbst sein. Dieser Gott hat solche Sympathie für die Menschen, kann sich so sehr mit den Betrübten, Armen und Ausgeschlossenen identifizieren und erweist verlorenen, unter die Räder gekommenen Söhnen und Töchtern eine so große Barmherzigkeit, daß er in einem Übermaß an Mitleid und Liebe selbst Mensch wurde. In Christus begegnen wir zusammen, ohne Vermischung und Verschmelzung, dem ganzen Mensch- und dem ganzen Gottsein. Die beiden Wirklichkeiten – die menschliche und die göttliche – gehen so dicht ineinander ein, sind zugleich aber auch füreinander so offen und aufeinander so bezogen, daß sie in einem mystischen* Ehebündnis leben. In der ausdrucksstarken Sprache der Schrift* heißt es, sie seien zwei in einem einzigen Fleisch, wie zwei Personen, die sich leidenschaftlich lieben. In Wirklichkeit jedoch ist ihre Einheit noch größer als dieses mystische Ehebündnis.

Der Gottmensch Jesus ist wie das Licht. Licht ist immer zugleich materielles Teilchen und energiegeladene Welle. Licht läßt sich nur begreifen, wenn man beide Realitäten, Teilchen und Welle, zusammennimmt. Ganz ähnlich müssen wir uns Jesus zugleich als Mensch und Gott vorstellen. Bezeichnenderweise beschreibt ihn die christliche Überlieferung auch als Licht. Ja, schon in der Griechischen Bibel* wird er als »das wahre Licht« geschildert, »das jeden Menschen erleuchtet, der in die Welt kommt« (Johannes 1,9)[19], und nicht nur die Getauften oder seine Anhänger und Anhängerinnen. Jesus ist einer der zentralen Archetypen* des Unbewußten der Menschheit, der Archtyp des *Imago Dei* (des Bildes Gottes) und des Sohnes Gottes.

19 In der bibelwissenschaftlichen Fachliteratur wird darüber gestritten, ob sich »[der] in die Welt kommt« im griechischen Original auf »jeden Menschen« bezieht oder auf »das wahre Licht«. Auch für den Fall, daß sich »der [bzw. das] in die Welt kommt« auf »das wahre Licht« bezieht, wie etwa die deutsche Einheitsübersetzung will, hat der Verfasser, Johannes, doch noch immer »*jeden* Menschen«, das heißt alle Menschen im Auge.

Des weiteren wird Jesus mit dem Leben verglichen. Leben ist die Begegnung zwischen Materie und Geist. Doch Materie ist nie träge. Materie ist immer interaktiv. Die Kraft zur Interaktion kommt vom Geist. Beide, Materie und Geist, machen zusammen das Leben aus, den Gipfel der Evolution, die höchste Synthese aller Energien und aller materiellen Teilchen, die sich selbst organisieren. Überraschenderweise verkündet die Tradition Jesus als das Leben, als das ewige Leben für die Menschen. Er ist gekommen, damit die Menschen »das Leben in Fülle« haben (Johannes 10,10).

Das Einzigartige am Christentum besteht darin, daß es Gott und Mensch nicht voneinander trennt, ja nicht einmal einfach nebeneinanderstellt. Das Christentum projiziert beide so dicht ineinander, daß, wenn wir vom Menschen sprechen, wir auch von Gott sprechen, und wenn wir uns auf Gott beziehen, wir uns auch auf den Menschen beziehen.

Die frühen Christen nannten Jesus den ›Theanthropos‹. Mit dem Terminus, einer Zusammensetzung der beiden griechischen Wörter *theós* = Gott und *ánthropos* = Mensch, wollten sie die einzigartige Einheit dieser göttlich-menschlichen Realität bezeichnen. Anstatt von Gottheit und Menschheit zu sprechen, könnten wir auch von Koexistenz und Interpenetration der Immanenz (Menschheit) und der Transzendenz (Gottheit) sprechen. Solcherart

Koexistenz gebiert die Transparenz. Dabei ist Transparenz ein Begriff, in dem die Inter-retro-Relation zwischen Immanenz und Transzendenz widerhallt. Transparenz ist Transzendenz innerhalb von Immanenz und Immanenz innerhalb von Transzendenz. Transparenz bewirkt, daß Immanenz – in diesem Fall die Menschheit Jesu – durchschimmernd wird und alle Undurchsichtigkeit und Schwere verliert. Transparenz bewirkt weiter, daß Transzendenz – in diesem Fall die Gottheit Jesu – dicht und greifbar wird und alles Umschweifige und Abstrakte abwirft.

Transparenz und nicht Transzendenz, das definiert das unterscheidend Christliche. Transparenz, das ist die sachgerechte Übersetzung der Wahrheit des ›Theanthropos‹, des Geheimnisses, daß Gott in unserem warmen und zugleich sterblichen Fleisch Mensch wird.

Dank dieser Transparenz kann Jesus sagen: »Wer mich sieht, sieht den Vater« (vgl. Johannes 14,9; 12,45). Der Vater (Transzendenz) wird transparent in den Taten und Worten, im ganzen Vorhaben Jesu (Immanenz).

Auch dem Vaterunser liegen die beiden Dimensionen, Transzendenz und Immanenz, zugrunde. Aber sie laufen nicht nebeneinander her, sondern sind ineinander verwoben. Es heißt: »Vater unser im Himmel« (Transzendenz), »unser tägliches Brot gib uns heute« (Immanenz). Himmel und Erde vereinigen sich hier. Der Impuls nach oben (Himmel) verbindet sich mit der Bewegung nach unten (Brot). Das Lob des himmlischen Vaters verschmilzt mit der Frucht der menschlichen Arbeit. Das meint Transparenz.

Transparenz ist eines der Merkmale, die einen ganz integrierten und realisierten Menschen kennzeichnen. Transparenz ist Wirkung und Ausstrahlung des fruchtbaren Dialogs, in dem das bewußte Ich mit dem Tiefen-ich fortwährend steht. Das bewußte Ich erfaßt die Appelle und Bedürfnisse, die aus dem Tiefen-ich aufsteigen. Es hört darauf, was es seiner wesensgemäßen Natur nach ist, und schafft eine Synthese zwischen dem, was es in seiner Tiefenwirklichkeit ausmacht, und dem, was es auf empirischer Ebene fühlt, denkt, will und träumt. Daraus entsteht dann Authentizität.

Allerdings darf Authentizität nicht mit Ehrlichkeit verwechselt werden. Ehrlichkeit ist auf der Ebene des bewußten Ich angesiedelt. Ein ehrlicher Mensch sagt, was er denkt, und tut, was ihm vorschwebt. Aber ein ehrlicher Mensch ist nicht zwangsläufig authentisch. Denn möglicherweise nimmt er sein Tiefen-ich und dessen Regungen überhaupt nicht wahr. In einem solchen Fall wäre der Mensch nicht ›ganz‹, denn er hätte ja sein bewußtes und unbewußtes Ich nicht ganz im Griff. Erst der feine Einklang zwischen dem einen und dem anderen Ich würde ihn authentisch und transparent sein lassen. Jeder Mensch, der diesen glücklichen Prozeß erfährt, strahlt Dichte und ›Gänze‹ aus. Werke braucht er dabei gar nicht aufzuweisen. Er ist sonnenklar und durchsichtig, transparent und authentisch. Ein authentischer Mensch vermittelt in seinem ganzen Sein und Handeln den Eindruck von Leichtigkeit. Sein Humor ist frei von Bitterkeit, in seinen Wünschen liegt nichts von Besessenheit, und seine Worte kennen keinen Hintersinn. Transparenz ist eine der wesensmäßigen Charakteristika der Gottheit. Und ein transparenter Mensch bewegt sich in der Sphäre des Göttlichen.

Flügel dem Adler!

Zurück zu den Archetypen* Adler und Huhn. Beide sind entscheidend für das menschliche Leben. Man darf sie nie auseinanderreißen. So kommt es maßgeblich darauf an, die beiden Energien zusammenfließen zu lassen, damit diese in Gemeinschaftsarbeit den Menschen zuwege bringen.

Wir wir bereits eingangs zeigten, besteht die große Herausforderung heute darin, Bedingungen dafür zu schaffen, daß der Archetyp* des Adlers Raum gewinnt. Weltweit wirkenden Kräften liegt daran, die Menschen in ihrer Befindlichkeit als Hühner zu behalten. Also müssen sie im Bewußtsein der Menschen deren Berufung zum Adler zum Schweigen bringen. Zu diesem Zweck wird die Mehrheit der Weltbevölkerung gleichgeschaltet, was Geschmack, Ideen, Konsum und Werte angeht. Ist es denn nicht eine tolle Sache, wenn sich die Menschen einig werden in (westlicher) Kultur und Musik (Rock), in Nahrung (fast food) und Sprache (Englisch), in Produktionsform (kapitalistischer Markt) und Verständnis von (materieller) Entwicklung?

Wir weigern uns, nur Hühner zu sein. Wir wollen auch Adler sein, Höhe gewinnen und Visionen über das Hühnergehege hinaus entwickeln. Mit Vergnügen stehen wir zu unseren Wurzeln (Huhn), aber nicht zu Lasten der Krone (Adler), die mittels ihrer Blätter in Fühlung tritt mit Sonne, Regen, Luft und All. Unser Adlersein muß wieder zur Geltung kommen. Adler haben nichts gegen die Erde, da holen sie ja ihre Nahrung her. Nur, sie sind nicht dazu geschaffen, auf der Erde herumzulaufen; sie sind dazu geschaffen, in den Lüften zu fliegen und sich mit den Gipfeln der Berge und mit allen Stürmen zu messen.

In der gegenwärtigen Situation, in der weltweit alles nach einem einzigen Muster laufen soll, kommt es darauf an, daß wir dem Adler in jedem und in jeder von uns seine Flügel zurückgeben. Nur so werden wir zu Gleichgewicht und Ausgeglichenheit finden. Aber im Adler steckt auch das Huhn, und das Huhn fliegt mit, wenn sich der Adler in die Lüfte erhebt.

Einheit der Paradoxien

Der Archetyp* der Synthese beinhaltet die Einheit der Gegensätze:
- Nicht nur Adler, sondern auch Huhn.
- Nicht nur Huhn, sondern auch Adler.
- Nicht nur das Adler im Huhn, sondern auch das Huhn im Adler.
- Nicht nur ja sagen zum Huhn-Adler, sondern auch wissen, wann es auf den Adler im Huhn und wann es auf das Huhn im Adler ankommt.
- Nicht nur Materie und Geist, sondern auch die Einheit aus beiden: Leben.
- Nicht nur Transzendenz und Immanenz, sondern auch das Amalgam aus beiden: Transparenz.
- Nicht nur Hunger nach Brot, sondern auch Hunger nach Spiritualität.
- Nicht nur das Ich und die Archetypen, sondern auch innerer Mittelpunkt und innere Sonne.
- Nicht nur die Menschen, sondern auch Erde und Weltall.
- Nicht nur Leben und Tod, sondern auch Auferstehung und ewiges Leben.

Das sind die Herausforderungen, an denen der Mensch, will er denn zum vollen Menschen reifen, nicht vorbeikommt. Angemessene Antworten darauf zu finden, das kann uns Würde verleihen und den Grundstein in uns legen zu einer dynamischen Ausgeglichenheit zwischen Adler und Huhn.

Nur so werden wir imstande sein, den Archetypen* der Synthese Wirklichkeit werden zu lassen. Und dann wird, wer weiß, das Paradies doch nicht mehr für immer verloren sein.

Glossar

Alchimie / alchimistisch: Verständnis von Chemie im Mittelalter und in der Renaissancezeit, demzufolge man meinte, sämtliche Metalle in Gold verwandeln zu können. Die Rede war vom ›Stein der Weisen‹, den es zu finden galt. In der Psychoanalyse steht der Begriff für tiefe Veränderungen, die jemand erfährt und durch die er seine innere Freiheit erlangt und seine Identität entwickelt.

Anthropogenese: Genese (griechisch: *génesis*), Werden des Menschen (*ánthropos*). Der Mensch befindet sich noch in Evolution. Aus diesem Grund kann die Anthropologie – die Lehre vom Menschen – auch kein fertiges, geschlossenes Kenntnisgebäude vom Menschen vorlegen.

Aquilismus: Neuere Wortschöpfung. Vom lateinischen *aquila* = der Adler. Gemeint ist das Mißverständnis, den Menschen ausschließlich von seiner Dimension als Adler her zu begreifen.

Archetyp: Im kollektiven Unbewußten Urmuster des Verhaltens, die bis in früheste Zeiten zurückgehen. Gestalten und Symbole, die über Kulturgrenzen hinweg universale Werte darstellen.

Aristoteles: Griechischer Philosoph (384–322 v. Chr.). Gründer eines kompletten Gedankensystems, das die Philosophie bis auf den heutigen Tag weltweit inspiriert. In der Spannung zwischen Wirklichkeit und Ideen kommt der Vorrang der Wirklichkeit zu. Alle existenten Wesen sind Konkretionen des Seins und werden gebildet, indem die *Materie* (das heißt der als ewig und ungeschaffen gedachte Teil) durch die *Form* (substantielle Wesenheit) eine partikuläre Existenz bekommt.

Axé: In der Tradition der afrikanischen Nagô-Religionen und im brasilianischen Cadomblé grundlegende spirituelle Kraft im Universum. Als Vitalität, die in allen Wesen steckt und sich in bestimmten Menschen und Gegenständen verdichtet, kommt sie von der höchsten Gottheit Olorum und wird durch weitere Gottheiten, Orixás genannt, vermittelt. Sich von Axé erfüllen zu lassen ist das Anliegen eines wirklich religiösen Menschen.

Bibel: Vom griechischen *bíblos* = das Buch. Die (nach katholischer Zählweise) dreiundsiebzig Gründungsurkunden des Judäochristentums. Sechsundvierzig davon sind Schatz des Judentums (*Tenach* [vgl. Anm. 4] oder Hebräische Bibel, üblicherweise auch ›Altes Testament‹ genannt) und wurden von den Christen übernommen. Die siebenundzwanzig weiteren Schriften entstanden in der Zeit nach Jesus als (vermeintliche) Spezifika des sich (zunächst als Erneuerungsbewegung innerhalb des Judentums) entwickelnden Christentums (Griechische Bibel, üblicherweise auch ›Neues Testament‹ genannt). Vgl. Anm. 13. Gängig ist auch, statt von der Bibel von der Schrift, von den Schriften oder von der Heiligen Schrift zu sprechen.

Bohr, Niels: Dänischer Physiker (1885–1962). Einer der großen Forscher und Wegbereiter auf dem Gebiet der Atom- und Kernphysik. Vater des nach ihm benannten Atommodells. Mitbegründer der Quantenphysik, der zufolge die Wirklichkeit aus Energie*bündeln* (lateinisch: *quantum* [eigentlich: wie viel, wie groß]) besteht, die ihrerseits Felder bilden und immer netzartig mit anderen Feldern verbunden sind. Bohr formulierte auch das Prinzip der Komplementarität, nach dem Gegenteile als Ausdrucksformen ein und derselben komplexen Realität betrachtet werden müssen. Will man ein vollständiges Bild von Wahrheit und Wirklichkeit haben, kommt man nicht an Komplementarität vorbei.

Buddha: Gründer des Buddhismus (560–480 v. Chr.). Mit ursprünglichem Namen Siddharta Gautama. Im Alter von neunundzwanzig Jahren verließ er das adlige Elternhaus, um in der Fremde Erlösung zu suchen. Nach einem langen geistigen Weg und viel Meditieren über das Leiden, seine Ursachen und die Möglichkeit, es zu überwinden, fand er die Erleuchtung. So nannte man ihn ›Buddha‹, den ›Erleuchteten‹. Ähnlich dem Christentum, das ja zwischen dem Jesus der Geschichte, dem Christus des Glaubens und der durch Jesus allen Menschen vermittelten Gotteskindschaft unterscheidet, kennt der Buddhismus den geschichtlichen Buddha (Siddharta), den ›Buddha des Glaubens‹ (das Gesamt des Buddha, das heißt die Lehre) und einen sozusagen transzendenten Buddha (die ›Buddhaschaft‹, die als Essenz der Erleuchtung, wie ein Samenkorn, in allen Wesen steckt und sich nach und nach prozeßhaft realisiert, bis sie ins Nirvana findet, in die höchste Verwirklichung im Geheimnis).

Che Guevara: Argentinischer Arzt (1928–1968) und Revolutionsführer. Wirkte an der Seite von Fidel Castro bei der kubanischen Revolution mit. Eröffnete im Urwald im südlichen Bolivien die Guerilla, in der Absicht, von dort aus die Revolution über den ganzen Erdteil zu tragen. Wurde von Soldaten des bolivianischen Heeres gefangengenommen und niederträchtig ermordet. Gilt als Beispiel des idealistischen, ethisch eingestellten, hochherzigen Revolutionärs. Von Che Guevara stammt der berühmte Satz: »Es kommt darauf an, hart zu werden, ohne je die Zärtlichkeit zu verlieren.«

Dalai-Lama: Das Wort bedeutet ›Meer des Wissens‹. Der Dalai-Lama ist das religiöse und politische Oberhaupt Tibets, dessen Residenz das Potala-Kloster in Lhasa ist. Der gegenwärtige (14.) Dalai-Lama, Tensin Gyatso (geb. 1935), floh nach der Besetzung Tibets durch die Chinesen 1959 nach Indien, wo er seither in Dharamsala im Exil lebt. Als Friedensbote läßt sich der Dalai-Lama überallhin in die Welt einladen. 1989 erhielt er für sein Engagement den Friedensnobelpreis.

Dante Alighieri: Größter italienischer Dichter (1265–1321). Dante schrieb ›Die Göttliche Komödie‹, ein allegorisch-lehrhaftes Gedicht in einhundert Gesängen, das aus drei Hauptteilen besteht: Hölle, Läuterungsberg und Paradies. Dante bediente sich der toskanischen Mundart, die in der Folge zur klassischen, heutigen italienischen Sprache wurde.

Darwin, Charles: Englischer Biologe (1809–1882). Auf Darwin geht die Theorie zurück, nach der sich die Arten in Evolution befinden. Dem Evolutionismus zufolge kommt es aufgrund des Sieges des Stärkeren über den Schwächeren zu einer natürlichen Evolution.

Dogmatiker / Dogmatismus: Person / Einstellung, die sich an Dogmen klammert, das heißt an Wahrheiten, die ein für allemal festgelegt sind und weder der Kritik noch der Entwicklung unterliegen.

Einstein, Albert: Deutsch-schweizerisch-amerikanischer Physiker (1879–1955). Vater der Relativitätstheorie und des Gesetzes der Äquivalenz von Materie und Energie. Einstein bringt den Tatbestand auf die berühmte Gleichung [Einstein-Gleichung] $E = mc^2$ und revolutionierte damit das gesamte Verständnis von Materie und Universum.

Entropie: Unumkehrbarer natürlicher Energieverlust eines Systems oder auch des gesamten Weltalls. Der Prozeß tendiert gegen null (alle Wärme ist verbraucht): thermischer Tod.

Ethnie / Ethnozentrismus: Einstellung, aus der heraus sich eine Gruppe in den Werten ihrer Rasse (Ethnie) und ihrer Kultur verschließt.

Franz von Assisi: Italienischer Heiliger (1182-1226). Gründer des Franziskanerordens. Franziskus, wie er auch genannt wird, hatte eine kosmische Spiritualität. Er betrachtete alle Wesen als seine Brüder und Schwestern, und als solche begegnete er ihnen mit Zärtlichkeit und höchster Verehrung. Schutzpatron der Ökologie*.

Fundamentalismus: Fanatische Einstellung jener Menschen, die sich an das ›Fundament‹ ihrer eigenen Überzeugungen klammern und für die ›Fundamente‹ und Überzeugungen anderer nur Verachtung haben.

Galileo Galilei: Italienischer Mathematiker und Philosoph (1564–1642). Einer der Begründer der modernen Wissenschaft. Trat mit wissenschaftlichen Argumenten für den Heliozentrismus ein (vgl. Kopernikus). Wegen seiner Behauptung, die Erde kreise um die Sonne, wurde er von der Inquisition belangt und 1633 verurteilt. Galilei wird der Satz zugeschrieben: »Und sie dreht sich doch!«, das heißt die Erde um die Sonne und nicht umgekehrt, wie die Inquisitoren wollten.

Gallinismus: Neuere Wortschöpfung. Vom lateinischen *gallina* = das Huhn. Gemeint ist das Mißverständnis, den Menschen ausschließlich von seiner Dimension als Huhn her zu begreifen und den Adler in ihm zu vergessen.

Gandhi, Mahatma: Führer der indischen Unabhängigkeitsbewegung (1869–1948). Gandhi vertraute auf die innere Kraft der Wahrheit zur politischen Mobilmachung, auf aktive Gewaltfreiheit und auf die Religion als Mystik, die das Leben des Menschen erhöht und gesellschaftliche Konflikte löst. Ab 1915 nannten ihn die Inder in der Sanskrit-Sprache *Mahatma – Große Seele*.

Genesis: Erstes Buch der Bibel* und des Pentateuchs (das heißt der fünf Bücher des Mose*: Genesis, Exodus, Levitikus, Numeri und Deuteronomium = Erstes Buch des Mose*). Im Buch Genesis* wird (zweimal) die Erschaffung der Welt erzählt, die Geschichte der Menschheit bis zur Sintflut sowie die Geschichte der Urväter des hebräischen* Volkes Abraham, Isaak und Jakob. Kompiliert aus verschiedenen, teils älteren, teils jüngeren Quellschriften, ist das Erste Buch des Mose in der gegenwärtig vorliegenden Form wohl erst im 6. vorchristlichen Jahrhundert entstanden, wahrscheinlich im babylonischen Exil (586–538 v. Chr.).

Haggada: Siehe Midrasch.

Halacha: Siehe Midrasch.

Hebräer: Semitisches Volk im Vorderen Orient, aus dem

sich – seitdem sein Land und seine Hauptstadt Jerusalem 586 v. Chr. von Babylon erobert und die Menschen nach dorthin verschleppt wurden, wo sie bis 538 v. Chr. in der Verbannung lebten – das jüdische Volk entwickelte (vgl. Genesis). In der Hebräischen wie in der Griechischen Bibel* heißen die Hebräer bzw. die Juden ›Volk Israel‹.

Heisenberg, Werner: Deutscher Physiker (1901–1976). Einer der Begründer der neuen Physik und der Unbestimmtheitsrelation. Danach geht alles auf unendliche Wahrscheinlichkeiten zurück, von denen sich einige realisieren und andere für eine etwaige Realisierung offen bleiben. Die Natur und ihre Gesetze kennen keine absolute Bestimmtheit. Heisenberg wies auch nach, daß, wenn der Mensch zur Wirklichkeit in Beziehung tritt, diese immer berührt und verändert, so daß eine strikte Trennung zwischen erkennendem Subjekt und erkanntem Objekt unmöglich ist.

Heraklit: Griechischer Philosoph aus dem kleinasiatischen Ephesus (550–480 v. Chr.). Seine grundlegende Erkenntnis besagt, die Wirklichkeit ändere sich fortwährend, ohne indes ihre Selbigkeit zu verlieren, ähnlich einem Fluß, dessen Wasser unentwegt wechseln, der selbst aber immer derselbe bleibt.

Individuationsprozeß: Von dem Tiefenspsychologen Carl Gustav Jung (1875–1961) geschaffener Begriff, mittels dessen das prozeßhafte Bemühen des Menschen beschrieben werden soll, alle psychischen, bewußten und unbewußten Energien zu bündeln, so daß sich der vitale Mittelpunkt, das Ich, das ›Selbst‹ herausbilden kann. Dies ist der Ort des ›Bildes Gottes‹. Hier, in seiner tiefsten Tiefe, erfährt der Mensch die Gegenwart Gottes selbst.

Jägerstätter, Franz: Österreichischer Bauer (1907–1943). Weil er wegen seines katholischen Glaubens den Waffendienst in der Hitlerarmee verweigerte, wurde er am 9. August 1943 im Zuchthaus Brandenburg-Görden enthauptet.

Johannes vom Kreuz: Spanischer Heiliger und Mystiker* (1542–1591). Dem Karmeliten geht es um eine Liebe, die so intensiv glüht, daß sie sich mit Gott identifiziert. Weggefährte der Theresa von Ávila*. Seine Hauptwerke sind ›Geistlicher Gesang‹ und ›Der Aufstieg zum Berge Karmel‹.

King, Martin Luther: US-amerikanischer Schwarzenführer (1929–1968). Protestantischer Pfarrer. Im Kampf um die Rechte der Schwarzen gründete er den gewaltfreien Widerstand. Großer Redner, der gewaltige Volksmassen bewegte. Im berühmten Marsch auf Washington gelang es ihm, mehr als eine Million Menschen auf die Beine zu bringen. 1968 ermordet.

Kommunial: Adjektiv, abgeleitet vom lateinischen *communio* = liebevolle Gemeinschaft. Die Wortschöpfung steht für wohlwollendes Zusammenleben und ehrliche Einheit, unter Wahrung des Unterschieds.

Kopernikus, Nikolaus: Astronom und Mathematiker. 1473 in Thorn im heutigen Polen geboren, lebte er 1496 bis 1503 in Italien und starb 1543 in Frauenburg. Kopernikus entdeckte, daß die Sonne und nicht die Erde Mittelpunkt des Sonnensystems ist, und wurde mithin zum Gründer des Heliozentrismus.

Kosmogenese: Genese (Entstehen) des Kosmos. Der Kosmos ist noch nicht fertig, sondern befindet sich noch immer in einem Prozeß des Geborenwerdens und der Evolution.

Martin von Tours: Heiliger, Märtyrer und Apostel Galliens (316-397 n. Chr.). Schutzheiliger der merowingischen Könige in (im späteren) Frankreich.

Meister Eckhart: Deutscher Mystiker (1260–1328). Mitglied des Dominikanerordens. Meister Eckhart ist davon überzeugt, daß Gott im Herzen der Menschen lebt und uns dort als Vater kraft des Heiligen Geistes als seine Söhne und Töchter zeugt.

Menchú, Rigoberta: Guatemaltekische Ureinwohnerin aus dem Volk der Quiché (geb. 1959). Aus der Kraft des Befreiungschristentums kämpft sie mit gewaltfreien Mitteln für die Rechte der indianischen Völker ihres Landes wie Lateinamerikas insgesamt. 1992 Trägerin des Friedensnobelpreises.

Mendes, Chico: Anführer der Urwaldbevölkerung in Brasilien. Gummizapfer und Gewerkschaftsführer in Xapuri im nordwestbrasilianischen Bundesstaat Acre (1944–1988). Kampagnen des gewaltfreien Widerstandes gegen die großflächige Abholzung des Amazonasurwaldes. Vertritt die nachhaltige, zukunftsfähige* Nutzung des Waldes. Wurde am 22. Dezember 1988 (beim siebten Attentat auf ihn) vor seinem Haus ermordet.

Merton, Thomas: US-amerikanischer Trappisten mönch (1915–1968). Bekannt wegen seines Bemühens, eine Mystik zu entwickeln im Dialog mit der modernen Welt wie mit östlichen Traditionen. Seine bekanntesten

Werke sind ›Berg der sieben Stufen‹ und ›Meditationen eines Einsiedlers‹.

Messianisch: Von ›Messias‹ abgeleitetes Eigenschaftswort. Der Messias ist eine von Gott gesandte Gestalt, die die Menschheit erlösen und die Schöpfung wiederherstellen soll. Die Aufgabe des Messias betrifft also stets die Gesamtheit. Messianisch kann dann jemand genannt werden, wenn er, wenn sie von Hunger und Durst nach Gerechtigkeit, von Solidarität mit den Unterdrückten, von außergewöhnlicher Güte und von bedingungsloser Liebe geprägt ist und mithin große Überzeugungskraft ausstrahlt.

Metapher: Sprachliches Mittel, mit dessen Hilfe ein Wort in einem übertragenen Sinn verwandt wird und so eine Wirklichkeit zum Ausdruck bringt, die eine bestimmte Ähnlichkeit oder Verwandtschaft mit dem natürlichen Sinn des Wortes hat. So kann zum Beispiel Adler eine Metapher sein für den Willen, zu fliegen und die Grenzen des Menschseins zu übersteigen; und Huhn für die Befindlichkeit im Alltag, daß einen die Verpflichtungen des täglichen Lebens in Beschlag nehmen.

Midrasch: Übersetzt aus dem Hebräischen, eigentlich ›das Suchen, die Forschung‹ (vgl. Anm. 6). Eine bestimmte Methode, bekannte Texte neuzuerzählen, das heißt zu deuten, zu vertiefen oder zu aktualisieren. Man unterscheidet halachische (vgl. Anm. 7) und haggadische (vgl. Anm. 8) Midraschim (Midraschim: Mehrzahl von Midrasch). Die Halacha erläutert und kommentiert, aktualisiert und vertieft jüdische Regeln und Gebote, sie will Wegweisung sein. In der Haggada indes haben wir es

sozusagen mit erbaulichem Material zu tun, das biblische Erzählungen mit wahren, legendären oder phantastischen Erweiterungen ausschmückt. Der Halacha wie
der Haggada aber liegt daran, die Menschen aufzurichten und die Bedeutung der jeweiligen Erzählung fürs
Leben zu erhellen.

Mit-bürgerschaft (portugiesisch: *con-cidadania*): Neuere Wortschöpfung zur Bezeichnung von partizipativer
Bürgerschaft, so wie sie in den sozialen Bewegungen gelebt wird: Bürger und Bürgerinnen schließen sich mit anderen Bürgern und Bürgerinnen zusammen und fordern
ihre Rechte ein. Bürgerschaft definiert die Position des
Bürgers gegenüber dem Staat. Mit-bürgerschaft definiert den Bürger gegenüber dem anderen Bürger.

Mohammed: Stifter des Islam (570–632 n. Chr.). Von
bescheidener Herkunft, war er bis zum Alter von vierzig
Jahren Kaufmann. Offenbarungen, die ihm um 610 zuteil wurden, sind in den 96 Suren des Koran festgehalten.
Mohammed verstand sich fortan als Prophet, mit dem
Auftrag, der Welt Allah als den alleinigen Gott zu ver-
künden, bedingungslose Unterwerfung unter ihn zu
predigen und untereinander Geschwisterlichkeit zu fordern. Nach dem Christentum ist der Islam weltweit zah-
lenmäßig die größte Religion, die zudem am stärksten
wächst.

Moralismus: Haltung eines Menschen, der moralische
Prinzipien im engsten Sinn auslegt, ohne sich auf Ein-
stellungen anderer Menschen einzulassen und ohne zu
berücksichtigen, daß sich die Wirklichkeit ändert.

Mose: Lebte um 1250 v. Chr. Gilt als Gründer der Religion, die JHWH [um aus Achtung vor dem Judentum, das aus Ehrfurcht den Gottesnamen *Jahwe* nicht sagt, das in extenso ausgesprochene Wort zu vermeiden] als seinen Gott verehrt. Dieser Gott hat mit dem Volk Israel einen Bund geschlossen. In Ägypten von einer Tochter des Pharao aufgezogen, hörte er aus einem brennenden Dornbusch JHWH ihn beauftragen, das Volk Israel aus der Sklaverei zu befreien. Nach einer Flucht aus Ägypten führte er – so immer die nachträgliche Deutung der Bibel* – Israel vierzig Jahre durch die Wüste. Auf dem Berg Sinai übergab ihm Gott die Tafeln mit den sogenannten zehn Geboten. Gilt als der Gesetzgeber der jüdischen Religion und als Vater der biblischen Traditionen.

Mutter Theresa von Kalkutta: Ordensfrau albanischer Herkunft mit bürgerlichem Namen Agnes Gonxha Bojaxhio (1910 – 5. 9. 1997). Lebte in Indien. Sie holte Sterbende von der Straße, damit sie in der Gemeinschaft von Menschen würdig sterben könnten. Gründerin der ›Missionarinnen der Liebe‹. 1979 Trägerin des Friedensnobelpreises.

Mystik: Ursprünglich vom griechischen Substantivum *mystérion* (Geheimnis) abgeleitetes Adjektiv. Man sagt, jemand sei Mystiker bzw. Mystikerin, wenn er, wenn sie die persönliche Erfahrung des höchsten Wesens macht. In der Mystik geht es nicht um Lehren, sondern um das Zeugnis von der Begegnung mit dem Göttlichen. Auch anderen soll ein erfahrungsmäßiger Weg zum letzten Geheimnis des Weltalls eröffnet werden.

Newton, Isaac: Englischer Physiker und Mathematiker (1643–1727). Newton entdeckte 1696 das Gravitationsgesetz. Sein Ruhm fußt darauf, daß er die exakten Naturwissenschaften und mithin ein mechanisches Weltverständnis begründete, dem zufolge das Universum von unveränderlichen Gesetzen regiert wird. Newtons Einfluß ist noch heute zu spüren.

Numinos, das Numinose: Das Wort leitet sich vom lateinischen *numen* her und bedeutet Gottheit, göttliches Wesen. Numinos heißt so viel wie heilig, inneres Feuer. Der Begriff benennt den Bewußtseinsstand eines Menschen, der eine Begegnung oder eine Vereinigung mit der höchsten Wirklichkeit erfährt.

Ökologie: Haltung von Menschen, die um die Beziehungen wissen, in denen alle lebenden und leblosen Wesen zueinander ebenso wie zur Umwelt stehen. Ökologie ist die Wissenschaft (griechisch: *lógos*) vom gemeinsamen Haus (griechisch: *oikos*), das es zu bewahren gilt: unseren Planeten Erde. Man spricht von umweltbezogener, sozialer, mentaler und integraler Ökologie (wobei letztere die drei ersteren Aspekte wie auch die Beziehung zum Weltall und zu Gott beinhaltet).

Panentheismus: Der Begriff ist gebildet aus den drei griechischen Elementen: *pan* (alles), *en* (in) und *theós* (Gott). Er bezeichnet die religiöse Auffassung, der zufolge Gott in allem und alles in Gott ist. Der Pan-entheismus hält entschieden an der Unterscheidung zwischen Gott und den Geschöpfen fest, betont jedoch die Gegenwart des einen Faktors im anderen. Nicht zu verwechseln mit Pantheismus.

Pantheismus: Lehre, nach der es nichts anderes gibt als Gott. Alles ist Gott, ob Steine oder Tiere, ob Menschen oder das All. Alle Unterschiede sind aufgehoben. Nicht zu verwechseln mit Panentheismus.

Paradox, Paradoxie: Behauptung, Feststellung oder Realität, die in völligem Widerspruch steht zur gängigen Auffassung, die aber dennoch wahr ist. Doch die Gegensätze treffen sich in einer größeren Wirklichkeit, die sie umfaßt und überbietet.

Pessoa, Fernando: Portugiesischer Dichter (1888–1935). In Südafrika aufgewachsen, schrieb Pessoa nicht nur in portugiesischer, sondern teilweise auch in englischer Sprache. Außer unter seinem eigenen Namen schrieb er seit 1914 auch unter vier Pseudonymen (Heter-onymen): Alberto Caeiro, Álvaro de Campos, Ricardo Reis und Bernardo Soares. Pessoa wollte die verschiedenen Namen nicht nur als Symbole unterschiedlicher thematischer und formeller Möglichkeiten (Klassizismus, Symbolismus, Futurismus usw.) verstanden wissen, sondern als selbständige menschliche und dichterische Einzelmenschen.

Plato: Griechischer Philosoph (427–347 v. Chr.). Seine Philosophie wird als Platonismus bezeichnet. Sie geht von den Ideen aus und stellt die Ideen über die greifbare Wirklichkeit. Platos Einfluß wirkt bis heute nach.

Pragmatismus: Haltung von Menschen, denen es allein auf praktische Machbarkeit und auf die angestrebten Ziele ankommt, ohne Berücksichtigung ethischer Prinzipien.

Prigogine, Ilya: Belgischer Physikochemiker. 1917 geboren, lebt er seit 1947 in Brüssel und seit 1970 auch in Austin (Texas, USA). Wegen seiner Forschungen zu biologischen Prozessen, die sich aus dem Chaos und aus Nichtgleichgewichtszuständen heraus organisieren und immer höhere und systematischere Ordnungen bilden, erhielt er 1977 den Nobelpreis für Chemie.

Rabbine (Mehrzahl: Rabbinen): In talmudischer* Zeit jüdische Gelehrte, die in verbindlicher Weise die Schrift* auslegen. Rabbinen haben allerdings keine priesterlichen Aufgaben. Seit dem Mittelalter – im Deutschen fortan zunehmend ›Rabbiner‹ genannt – stehen sie in Diensten von Gemeinden und haben gesetzlich-religiöse und moralische Autorität.

Raffael: Italienischer Maler und Baumeister der Renaissance (1483–1520). Seit 1514 Leiter der Bauarbeiten am Petersdom in Rom. Berühmte Werke von ihm sind vor allem ›Madonna Colonna‹ (in der Gemäldegalerie in Berlin-Dahlem) und die ›Schule von Athen‹.

Realismus, geschichtlicher: Politische Einstellung derer, die nur das geltende Kräftespiel im Auge haben und sich mit den herrschenden Mächten arrangieren, unter Vernachlässigung längerfristiger Anliegen und der höheren Interessen der Nation.

Rhetorik: Nicht immer überzeugende Argumentations- und Redeweise.

Robinson Crusoe: Held des Abenteuerromans ›The life and strange surprising adventures of Robinson Crusoe‹ (1719; deutsch: ›Robinson Crusoe‹) von Daniel Defoe (1660–1731). Robinson Crusoe lebte allein auf einer Insel in der Mündung des Orinoco-Flusses im Norden Südamerikas. Der Romanheld wurde zum Symbol eines einsamen Lebens ohne Kontakt mit der Zivilisation.

Romero, Oscar Arnulfo: Erzbischof von San Salvador in der mittelamerikanischen Republik El Salvador. Geboren 1917, wurde er 1977 erschossen, während er die Eucharistie feierte. Ursprünglich ein durchaus konservativer Theologe, verteidigte er zunehmend die Armen und kritisierte mehr und mehr die Militärregime der damaligen Zeit.

Rumi / Djalal od-Din Rumi: Bedeutendster Dichter der persisch-islamischen Mystik (1207–1273). In Tadschikistan geboren, wanderte er mit seiner Familie kurz vor dem Mongolensturm 1220 aus und ließ sich in Rum (Anatolien; daher der Beiname ›Rumi‹) nieder. Gilt als der größte Mystiker der menschlichen und göttlichen Liebe.

Sage: An Vorfällen reiche Geschichte bzw. Erzählung. Die Vorfälle bedeuten Herausforderungen, die es zu überwinden gilt. Jeder Mensch entwickelt seine eigene persönliche Sage.

Schrift: Siehe Bibel.

Stein, Edith: Jüdische, zum Christentum konvertierte Philosophin (geb. 1891 in Breslau). Karmelitin. Von den Nationalsozialisten im Konzentrationslager Auschwitz 1943 vergast. Von der katholischen Kirche 1987 seliggesprochen.

Stereotyp: Immer gleiches, unveränderliches Verhalten, das sich ständig wiederholt, mögen sich die Umstände auch noch so gravierend verändern (Klischee).

Synergie: Zusammenwirken von Energien. Zusammenarbeit von Menschen, die ihre Möglichkeiten so koordinieren, daß sie ein größeres Gemeinwohl erreichen.

Talmud: Talmud (vgl. Anm. 5) meint auf hebräisch ›das Gelernte, die Lehre‹. Der Talmud ist das Gesamt jener Schriften, welche die mündlichen Überlieferungen und Kommentare der Schriftgelehrten zu den Büchern der Hebräischen Bibel (siehe: Bibel) zusammentragen. Der Grundstock des Talmud geht auf die Zeit vor Christus zurück. Über fünfhundert Jahre sammelte man die – zunächst mündlichen – Diskussionen, Studien, Streitgespräche, Kommentare und Weiterentwicklungen, so daß eine ganze Bibliothek entstand. Wenn das sogenannte ›Neue Testament‹ der Christen die Aktualisierung des sogenannten ›Alten Testaments‹ aus christlicher Sicht nach der Auferstehung Jesu ist, dann kann man den Talmud in struktureller Analogie als das ›Neue Testament‹ der Juden bezeichnen. Die Redaktion des Talmud ist gegen das Jahr 500 n. Chr. abgeschlossen. Es gibt einen umfangreichen, etwa zehntausend Seiten zählenden ›Babylonischen Talmud‹ und einen ›Jerusalemer Talmud‹, der sozusagen eine Verdichtung des ersteren ist.

Tarot: Auch Taro[c]k. Kartenspiel für drei Personen. Seit dem 14. Jahrhundert in Frankreich und in Italien bekannt. Mittels des Tarot wollen die Spieler das Leben, die Chancen und die Aussichten, die sie haben, aufschlüsseln.

Theresa von Ávila: Spanische Heilige und Mystikerin* (1515–1582). Weggefährtin von Johannes vom Kreuz*. Theresa hinterließ ein großartiges spirituelles und dichterisches Werk. Ihre Hauptwerke sind ›Leben der heiligen Theresa von Jesus‹, ›Weg der Vollkommenheit‹ und ›Die Seelenburg‹.

Territorialisieren: Das Tun des Menschen auf einen bestimmten kulturellen und zeitlichen Raum einschränken. Auch wenn der Mensch selbstverständlich immer ein ›territorialisiertes‹ Wesen ist, sprengt er doch immer auch zugleich alle vorgegebenen ›Territorialisierungen‹.

Urknall: In der Wissenschaft stellt man sich heute den Beginn des Weltalls vor als gewaltige Explosion (*Big Bang*) eines winzigen Urpunktes, der in größter Verdichtung Energie und Wärme enthielt. Geschehen vermutlich vor fünfzehn Milliarden Jahren.

Utopie: Titel eines Romans von Thomas Morus (1516). Wörtlich übersetzt heißt die griechische Wortbildung U-topie, was es an keinem (*u* [*ou*] = Negation) Ort (*tópos*) gibt. Utopie bezeichnet einen Idealzustand menschlichen, persönlichen und gesellschaftlichen Lebens, auf den verweisend man vorfindliche Gesellschaftsformen relativieren, kritisieren und forcieren kann, damit sie sich verändern und in Richtung auf das angedeutete Ideal entwickeln. Utopie steht für die volle Verwirklichung aller dem Leben innewohnenden Möglichkeiten. So gesehen ist das Utopische unaufgebbarer Teil des Realen, in seiner möglichen und virtuellen Dimension.

Weil, Simone: Französische Philosophin jüdischer Abstammung (1909–1943). Simone Weil konvertierte innerlich zum Christentum, ohne sich jedoch vom Judentum loszusagen. Aus ihren Schriften atmen eine Mystik* der Arbeit und ein Mitleiden mit der Not der unterdrückten Arbeiterklasse. Ihre Hauptwerke sind ›Schwerkraft und Gnade‹ und ›Das Unglück und die Gottesliebe‹.

Weiße Rose: 1942–1943 studentische Widerstandsgruppe an der Universität München. Mit Hilfe von Flugblättern und Wandparolen klagte sie aus christlicher Überzeugung die nationalsozialistische Gewaltherrschaft an und rief Studentenschaft und Bevölkerung zum aktiven Widerstand auf. Nach Aufdeckung und Zerschlagung der Gruppe wurden ihre Mitglieder 1943 hingerichtet: die Studierenden Hans Scholl (geb. 1918) und seine Schwester Sophie Scholl (geb. 1921), Christoph Probst (geb. 1919), Alexander Schmorell (geb. 1917) und Willi Graf (geb. 1918) sowie der Philosophieprofessor und Musikwissenschaftler Kurt Huber (geb. 1893).

Yi-jing: Auch I-ching. ›Buch der Wandlungen‹. Chinesisches Orakelbuch, entstanden zwischen 1150–249 v. Chr.

Zukunftsfähigkeit: Das Wort ›Zukunftsfähigkeit‹ erwächst aus dem Bemühen, den englischen Begriff *sustainaibility* (portugiesisch: *sustentabilidade*) interpretierend zu verdeutschen. Ein anderer Übersetzungsversuch ist ›Nachhaltigkeit‹. Der Begriff ›Nachhaltigkeit‹ ist der Forstwirtschaft entlehnt und besagt, daß dem Wald nur so viel Holz entnommen werden darf, wie aus eigener Kraft nachwächst. So bleibt der Wald ›zukunftsfähig‹. Die Begrifflichkeit wanderte von der Forstwirtschaft in die Ökologie*. Anliegen ist: Die Grundbedürfnisse einer Gesellschaft müssen in einer Weise befriedigt werden, daß die natürlichen Ressourcen bewahrt bleiben und künftige Generationen, die ja auch ein Recht haben, zu leben und ihre Grundbedürfnisse zu befriedigen, von der gegenwärtig existierenden Menschheit den Planeten Erde unversehrt erben und seine Ökosysteme heil übernehmen können.

Die Originalausgabe erschien 1997
bei Editora Vozes/Brasilien.
© Leonardo Boff
Übersetzung aus dem Portugiesischen und Bearbeitung für die
deutsche Ausgabe: Horst Goldstein.

Die mit einem Sternchen (*) versehenen Wörter werden im
Glossar am Ende des Buches erläutert.

Die Deutsche Bibliothek – CIP-Einheitsaufnahme

Boff, Leonardo:
Der Adler und das Huhn oder wie der Mensch Mensch wird /
Leonardo Boff. [Übers. aus dem Portugies. und Bearb.
für die dt. Ausg.: Horst Goldstein]. – 2. Aufl. –
Düsseldorf: Patmos-Verl., 1998
ISBN 3-491-72389-2

© 1998 Patmos Verlag Düsseldorf
2. Auflage 1998
Satz: Fotosatz Moers, Mönchengladbach
Druck und Bindung: Pustet, Regensburg
ISBN 3-491-72389-2